Interseccionalidade e demandas sociais

Dados Internacionais de Catalogação na Publicação(CIP)
Angélica Ilacqua CRB-8/7057

C38
Interseccionalidade e demandas sociais : desafios para a Gestalt-terapia / organização de Paulo Cavalcanti, Lilian Meyer Frazão. — São Paulo : Summus, 2025.
144 p.

Bibliografia
ISBN 978-65-5549-171-5

1. Psicologia 2. Psicoterapia 3. Grupos sociais 4. Discriminação 5. Minorias 6. Gestalt-terapia I. Cavalcanti, Paulo II. Frazão, Lilian Meyer

25-2710 CDD 150.198

Índices para catálogo sistemático:
1. Psicologia

www.summus.com.br

EDITORA AFILIADA

Interseccionalidade e demandas sociais

Desafios para a Gestalt-terapia

Paulo Cavalcanti
Lilian Meyer Frazão
(orgs.)

summus
editorial

INTERSECCIONALIDADE E DEMANDAS SOCIAIS
Desafios para a Gestalt-terapia

Editora executiva: **Soraia Bini Cury**
Preparação: **Samara dos Santos Reis**
Revisão: **Michelle Campos**
Capa: **Delfin [Studio DelRey]**
Projeto gráfico: **Crayon Editorial**
Diagramação: **Natalia Aranda**

Summus Editorial
Departamento editorial
Rua Itapicuru, 613 — 7º andar
05006-000 — São Paulo — SP
Fone: (11) 3872-3322
http://www.summus.com.br
e-mail: summus@summus.com.br

Atendimento ao consumidor
Summus Editorial
Fone: (11) 3865-9890

Vendas por atacado
Fone: (11) 3873-8638
e-mail: vendas@summus.com.br

Impresso no Brasil

Sumário

Apresentação I

> Eles combinaram de nos matar,
> mas a gente combinamos de não morrer.
> Conceição Evaristo, 2016[1]

Por vezes, nossa visão não consegue perceber até que ponto as realidades são diferentes — e não falo apenas do campo subjetivo, mas também do concreto. Sendo assim, eu não poderia deixar de iniciar esta apresentação sem evocar a sabedoria de Conceição Evaristo, que, por meio de sua *escrevivência*, nos convoca a acordar a Casa-Grande.

Assim, os capítulos que compõem este livro fazem parte do desejo de ampliar as possibilidades de escuta e intervenção da comunidade gestáltica, fomentando discussões que dialogam com a interseccionalidade. Não é o objetivo desta obra esgotar as possibilidades de discussão, pois temos consciência de que existem outros marcadores sociais; no entanto, ao abrir o debate para os marcadores de raça, gênero, sexualidade e territorialidade, esperamos contribuir para aprofundar as reflexões sobre as múltiplas formas de opressão e desigualdade presentes em nossa sociedade, estimulando a construção de uma sociedade mais justa e equitativa para todas as pessoas.

Quando convidei Lilian Frazão para ser parceira neste projeto, sabia que enfrentaríamos desafios, sobretudo no que tange a questões de raça, classe e territorialidade — afinal, as estruturas rígidas da nossa sociedade, infelizmente, também se refletem em nosso trabalho e

1. Evaristo, Conceição. *Olhos d'água*. Rio de Janeiro: Pallas, 2016.

exigem de nós um esforço extra. Mas fiz um convite ousado: repensar os caminhos da Gestalt-terapia no Brasil, provocando tanto os mais velhos quanto os mais novos a conhecer o chão que pisamos.

Ao mergulhar nos capítulos deste livro, você encontrará reflexões e discussões que permeiam o cotidiano da prática da psicologia e da Gestalt-terapia, independentemente da sua área de atuação. Estas páginas nos convidam a uma análise crítica aprofundada da complexa realidade social, política, econômica e cultural brasileira, proporcionando ferramentas para uma atuação mais consciente e ética.

Por fim, desejo que esta leitura possa provocar reflexões importantes e, sobretudo, mudanças em nosso fazer profissional, impulsionando-nos a construir práticas mais justas, éticas e humanizadas.

Paulo Cavalcanti

Apresentação II

Participar da organização deste livro foi bem mais do que escolher autores, fazer convites, revisar textos, dialogar com autores e editora e, finalmente, compor a obra. Foi uma experiência que me afetou profunda e significativamente, levando-me a ter consciência de alguns sofrimentos dos quais nunca tinha me dado conta. O simples fato de ser uma pessoa branca, de classe média, que nunca teve de se proteger em virtude da cor da pele me coloca em um lugar privilegiado, quer eu queira, quer não. Embora eu tivesse noção de que ocupo esse lugar, não fazia ideia do sofrimento e das agruras dos quais era poupada.

Samanta Fonseca, em seu capítulo, diz: "Enquanto algumas mães brancas temem que seus filhos cresçam e se unam ao patriarcado, as mães negras temem que seus filhos sejam arrancados de um carro e alvejados". Essa frase tocou minha alma... Trata-se de uma realidade terrível e de um sofrimento que considero quase inimaginável. Não saber se seu filho vai crescer ou ser alvejado por uma bala; não saber, quando seu filho sai para trabalhar, se ele vai voltar ou ser preso, espancado ou morto é extremamente angustiante. Nada na minha vivência de mãe branca se compara com isso.

No capítulo sobre relações raciais, negritude e Gestalt-terapia, os autores afirmam: "O trauma do racismo não cicatriza; é uma ferida aberta que sangra diariamente, a cada ida ao supermercado, às ruas, aos parques. O corpo negro é o que a bala perdida encontra, o que a polícia revista, o corpo deitado nas ruas". Essa é uma triste realidade, e a metáfora, além de impactante, é muito adequada! Tendo os negros chegado ao Brasil escravizados, sem direitos, brutalmente roubados de suas famílias, sua cultura e suas tradições, eles portam, sem dúvida, uma ferida impossível de cicatrizar.

Bebês, muito precocemente, eram tirados de suas mães sem direito a saber, no futuro, quem eram suas famílias de origem.... O apagamento de sua história é também um sofrimento profundo e muitas vezes indizível.

Em cada um dos capítulos deste livro são abordados temas importantes e significativos no que se refere à interseccionalidade, ou seja, como as diferentes formas de opressão de classe, gênero e raça se entrecruzam. Conhecer essas questões nos ajuda a compreender múltiplas dimensões do sofrimento humano, nem sempre abordadas em nossa formação.

Organizar este livro — eu, mulher branca, de classe média, moradora de um bairro nobre de São Paulo — com Paulo Cavalcanti — homem negro, morador da periferia — não só possibilitou que eu me apossasse do conhecimento sobre a interseccionalidade como também me levou a ter *awareness* e contato com o sofrimento dessas pessoas, tão injustamente marginalizadas. Cabe a nós, que, antes de Gestalt-terapeutas, somos cidadãos, combater esses problemas estruturais tão aviltantes, sérios e danosos.

Lilian Meyer Frazão

1. Inquietações clínicas: avenidas identitárias e Gestalt-terapia

Paulo Cavalcanti

Para iniciar esta escrita, é fundamental reconhecer e honrar as minhas mais velhas, minhas ancestrais — que, com muita ginga, me ensinaram sobre as malícias da vida, transmitindo, por meio da oralidade, a sabedoria para lidar com os desafios deste mundo. Elas também me ensinaram que viver em comunidade é estabelecer estratégias de reação às opressões, como aponta bell hooks (2021).

Como afirmou Nêgo Bispo (2023), "somos da circularidade: começo, meio e começo". Por isso, a "bença" às mais velhas e às mais novas!

Eu, Paulo Cavalcanti, sou bisneto de Gemínia Pereira da Silva, mulher afro-indígena dotada de uma paciência singular, e Luiz "Couro-Grosso" Ferreira da Silva Filho, homem preto e contador de histórias sobre o mar. Sou filho mais velho de Elisângela Ferreira Cavalcanti (Lica), mulher negra e feroz no cuidado dos dois filhos, e tio de Lara Vitória Cavalcanti Santos, uma criança branca e traquina. Além disso, *sou um homem preto, favelado e psicólogo*.

Ao me apresentar, destaco algumas avenidas identitárias que me atravessam, descrevendo como sou lido no mundo. Ao ressaltar o nome de alguns dos meus familiares, reivindico o registro que outrora foi negado, e até apagado, diante dos processos de escravização e extermínio da população negra vigente em nosso país. Não ter os registros de parte dos meus ancestrais é não ter direito a acessar minha história.

Ao registrar que sou um homem preto, cisgênero, hétero e favelado, aponto o cruzamento e a sobreposição de raça, gênero, sexualidade e território, já que estou situado na lógica ocidental. Como apontado por Kimberlé Crenshaw (2002), existem fatores que se interseccionam, gerando diferentes características sociais que, por sua vez, podem agravar discriminações.

Assim, o conceito de interseccionalidade nos provoca a refletir sobre um padrão lido como universal, bem como sobre todas as pessoas que foram colocadas à margem. A interseccionalidade não analisa as opressões de forma isolada, mas, sim, como elas se entrelaçam e se reforçam. Por exemplo, um homem preto e favelado pode sofrer tanto pelas opressões da raça quanto pelas do território, como cantam os Racionais MC's (2002): "Me ver pobre, preso ou morto já é cultural". Isso também nos leva a pensar quanto as opressões não são aleatórias, mas resultado de sistemas sociais e históricos que privilegiam certos grupos em detrimento de outros.

Funcionando de forma dinâmica, as opressões evoluem com o tempo e se adaptam às diferentes situações sociais e políticas, além de serem geradas pelas desigualdades de poder, colocando certos grupos em posição de desvantagem. Seguindo os passos de Kimberlé Crenshaw (2002), Carla Akotirene (2019) argumenta que a interseccionalidade é um conceito fundamental para desvendar as complexidades das opressões sofridas por mulheres negras. Ao analisar a intersecção de raça, gênero e classe, a autora revela como esses sistemas de poder, com raízes no colonialismo, perpetuam desigualdades históricas.

Assim, faz-se necessário perceber que as avenidas identitárias cruzam de diferentes formas as experiências de cada indivíduo, pois, ao considerar a sobreposição de raça, gênero, sexualidade, território, deficiência e outros marcadores, podemos compreender o sistema de opressão e, consequentemente, as violências sofridas. É importante ressaltar que, ao abordar as avenidas identitárias, não estamos simplificando-as como sinônimo de sofrimento. No entanto, reconhecemos a profunda marca que as diversas formas de opressão deixam nessas trajetórias.

Diante disso, é importante pensar e problematizar a Declaração Universal dos Direitos Humanos, escrita e publicada no ano de 1948. Seu artigo 1º diz: "Todos os seres humanos nascem livres e iguais em dignidade e em direitos. Dotados de razão e de consciência, devem agir uns para com os outros em espírito de fraternidade".

Contudo, apesar do impacto mundial da declaração, não podemos deixar de mencionar que ela não impede que homens brancos cis-heterossexuais continuem cometendo crimes, tal como ocorreu no Brasil com o golpe empresarial-militar (Dreifuss, 1981) de 1964, em que se perseguiu politicamente e matou pessoas que eram contrárias ao regime ditatorial, deixando explicitado que nem todos os seres humanos cabem na Declaração Universal dos Direitos Humanos.

Érico Andrade (2023, p. 40) nos ajuda a pensar que "ter um corpo humano não é suficiente para se ter uma identidade humana. O que caracteriza o ser humano é algo imaterial: um fantasma, e não o corpo". Nesse sentido, é possível observarmos ao longo da história que nem todas as pessoas foram tratadas como humanas, ou melhor, com identidades. Por exemplo, embora as mulheres tenham conquistado o direito ao voto em 1932, ele não se estendeu às mulheres negras, pois apenas as alfabetizadas poderiam exercê-lo. Em um contexto pós-abolição, saber ler e escrever ainda era, e é, um privilégio branco. Apenas em 1986 as pessoas não alfabetizadas puderam exercer seu direito ao voto no Brasil.

Em relação às avenidas identitárias e os direitos humanos, Kimberlé Crenshaw (2002, p. 172) explicita e nos faz refletir:

> [...] quando mulheres, sob custódia, eram estupradas, espancadas no âmbito doméstico ou quando alguma tradição lhes negava acesso à tomada de decisões, suas diferenças em relação aos homens tornavam tais abusos "periféricos" em se tratando das garantias básicas dos direitos humanos.

A autora aponta ainda que a interseccionalidade de raça e gênero revela que mulheres e homens negros vivenciam o racismo de formas distintas. Ao incorporar o gênero na análise racial, compreendemos melhor as especificidades das discriminações sofridas por ambos.

Nota-se, até então, quanto essas duas identidades, raça e gênero, foram historicamente subordinadas a processos de opressão e violência. Mas não para por aí, pois até os dias atuais podemos observar outras identidades sendo subordinadas a esses processos.

O *rapper* afro-brasileiro Emicida (2020) diz: "Os peixes não sabem que estão molhados". Essa frase, que parece simples, é carregada de sentidos e significados: não é pelo simples fato de estarem submersos que os peixes se questionam sobre isso. No entanto, também sabemos quanto essas águas podem ser prejudiciais a eles, sobretudo se poluídas. Nossas identidades, quando carregadas pelas mazelas sociais produzidas pelas opressões, são como um córrego poluído entre as avenidas: pode nos matar afogados.

Grada Kilomba (2019) aponta que nossas avenidas identitárias e o peso das opressões nos impedem de sermos apenas "um peixe na água", pois as mazelas sociais que sofremos nos impedem de simplesmente viver. Para ela, quem não nota o peso da água se sente livre para viver tranquilamente, tornando o mundo e todas as suas mazelas naturais. Aqui, aponto outra avenida identitária: o território, que se soma às questões de raça, gênero e sexualidade.

Ao depararmos com essas avenidas, percebemos uma grande encruzilhada, da qual ninguém escapa. Se considerarmos, por exemplo, a construção da masculinidade de homens pretos e periféricos, assim como eu, podemos facilmente observar uma série de questões para as quais as mazelas sociais contribuem para a distorção da identidade, pois homens têm de ser viris e não podem fraquejar. Pode, então, um homem chorar?

Caminhando pelas avenidas identitárias

Historicamente, a colonização teve, também, como missão, segregar e aniquilar toda e qualquer pessoa que não fosse considerada semelhante ao modelo de homem europeu. Para os colonizadores, apenas pessoas brancas eram humanas e tinham alma. Já as pessoas não brancas estavam fadadas ao fracasso e ao trabalho escravizado, pois eram consideradas animais sem alma.

De acordo com o Conselho Federal de Psicologia (CFP), o racismo é uma estratégia de dominação que, de forma sistemática, organiza as bases estruturais dos países e das pessoas, incutindo a ideologia de que existem raças inferiores e superiores. Dessa forma, tornou-se unânime considerar que ele age de maneira "ampla, complexa, sistêmica, violenta, que penetra e participa da cultura, da política, da economia, da ética" (CFP, 2017, p. 9-10).

O movimento racista presente em nosso país e no mundo tem raízes eurocêntricas, sobretudo a partir de duas linhas de raciocínio que foram utilizadas para justificar tais práticas de aniquilação das populações não brancas: a teoria monogenista, que afirma a existência de grupos humanos mais evoluídos que outros, e a poligenista, que divide a espécie humana biologicamente em subespécies a partir da ideia de raça (CFP, 2017).

Não por acaso, os homens cis-heterossexuais, na maioria das vezes brancos, também se apoiam na ideia de que mulheres são o gênero frágil e, por isso, inferiores a eles. De acordo com Simone de Beauvoir (1970, p. 10), na tentativa de embasar a suposta inferioridade das mulheres, Aristóteles afirmou: "A fêmea é fêmea em virtude de certa carência de qualidades".

Várias autoras, entre elas Oyèrónké Oyěwùmí (2019), concordam que a suposta superioridade masculina é um constructo social no qual homens se sentem aptos a ocupar o suposto lugar de quem pode definir e nomear nossa percepção de mundo, de tal forma que ela acaba se tornando verdade.

Não é incomum perceber quanto, ainda hoje, homens cis-heterossexuais se colocam na posição de quem acredita que precisa proteger as mulheres dos perigos sociais, ignorando que são os próprios homens que oferecem esse perigo. Assim como o racismo, o sexismo cria a falsa ideia de que existem gêneros superiores e inferiores. Tal fato gera agravos quando incluímos o classismo, que tem como base a crença de que os ricos são superiores aos pobres (CFP, 2017).

O que a psicologia e a Gestalt-terapia têm que ver com isso?

A resposta a esse tópico se dá pela construção histórica e pela formação da população brasileira, sobretudo pelos princípios fundamentais do Código de Ética da Psicologia, assim como pela perspectiva de campo, que é uma das bases da Gestalt-terapia. De acordo com o terceiro princípio fundamental do Código de Ética (CFP, 2005), "o psicólogo atuará com responsabilidade social, analisando crítica e historicamente a realidade política, econômica, social e cultural", de modo que sem responsabilidade social e análise crítica não se faz psicologia nem Gestalt-terapia.

Assim, convido os leitores a refletirem sobre a formação da sociedade brasileira, e não posso deixar de mencionar os processos de branqueamento ocorridos em nosso país. Foi especialmente entre 1880 e 1920 que o Estado brasileiro instituiu políticas imigratórias que incentivaram a vinda de pessoas brancas, especialmente alemães e italianos, com a promessa de trabalho (CFP, 2017). Essas políticas visavam à substituição dos trabalhos forçados e não remunerados realizados por pessoas negras, a fim de que o Brasil passasse a receber investimentos de outros países.

Com o fim da escravidão, as pessoas negras foram lançadas à própria sorte, sem nenhum tipo de direito. Já as brancas, sobretudo os latifundiários, receberam gordas indenizações. Vale destacar que o Brasil foi o último país das Américas a abolir a escravatura, pelo menos na lei.

De acordo com o sociólogo Florestan Fernandes, após o período da escravização, uma parcela da população negra assumiu atividades compreendidas como transgressoras, tal como o furto e a prostituição, ou a própria "vadiagem". Porém, longe de fazer uma interpretação meramente moral, Florestan Fernandes aponta que tal atitude tinha como pano de fundo a não aceitação de atividades consideradas "de negros" (CFP, 2017). As bases que dão estrutura ao nosso país e à ciência são formadas pelo sangue de pessoas negras escravizadas, bem como regidas por práticas machistas e sexistas. Sendo assim, como não considerar as intersecções que atravessam nossa escuta como profissionais da psicologia e da Gestalt-terapia?

Ao longo deste texto, menciono as intersecções considerando sobretudo pessoas negras, mas destaco aqui que pessoas brancas também têm experiências de intersecção. Mulheres brancas continuam sofrendo, de um lugar diferente das mulheres negras, quando o assunto é machismo e sexismo, ainda que racialmente ocupem um lugar de privilégio. O racismo se evidencia como uma das principais estratégias de desigualdade no Brasil, seja ela simbólica ou material, pois orienta os modos de perceber e agir socialmente, levando os brancos a ascender socialmente em detrimento dos negros (CFP, 2017).

A psicóloga afro-brasileira Cida Bento (2022) desenvolveu o conceito de pacto narcísico da branquitude, que também nos auxilia a compreender as dinâmicas raciais no Brasil. A autora aponta que as instituições constroem narrativas de inclusão e equidade por meio de suas missões e de seus valores; no entanto, são pessoas brancas que continuam ocupando cargos de gestão e liderança, mantendo assim seus privilégios e dificultando — e até minando — as possibilidades de pessoas negras ascenderem profissionalmente. Cida Bento (2022, p. 18) ainda destaca que "é evidente que os brancos não promovem reuniões secretas às cinco da manhã para definir como vão manter seus privilégios e excluir os negros. Mas é como se assim fosse..."

Um exemplo explícito do pacto da branquitude em nossa sociedade é o discurso falacioso de que pessoas negras não estão qualificadas para atuar em determinados cargos —na maioria das vezes, elas não têm sequer a oportunidade de participar de processos seletivos e apresentar seus currículos. As mulheres negras, sobretudo, são lidas como arrimo de família, e tal leitura ignora o fato de que são elas que precisam de renda para garantir o pão de cada dia.

Nos primeiros dias do ano de 2023, a ministra do Planejamento e Orçamento do Brasil, Simone Tebet, teve a pachorra de dizer que não havia nenhuma mulher negra qualificada para assumir cargos no ministério. Porém, nunca se soube qual era o perfil das vagas disponíveis, tornando, assim, ainda mais difícil o acesso de mulheres negras.

De forma curiosa, mas também irônica, questiono por que a psicologia e a Gestalt-terapia não enxergam as avenidas identitárias e seus sistemas de opressão, uma vez que essas e outras informações estão disponíveis para todos. Os conhecimentos hegemônicos, importados da Europa e dos Estados Unidos, contribuem para o apagamento de outros corpos e conhecimentos, mas não apenas isso: eles também colaboram para a lógica de classificação e padronização de corpos e comportamentos na busca do ideal. Essa lógica está diretamente ligada à falaciosa afirmação "somos todos iguais".

Uma perspectiva da história da psicologia

A história da psicologia no Brasil e sua constituição como ciência e profissão têm muito a nos ensinar, sobretudo pela necessidade de avançarmos nos debates que, outrora, não eram minimamente considerados. A psicologia no Brasil é reconhecida oficialmente no ano de 1962 como ciência e profissão, à beira do golpe empresarial-militar de 1964. É importante dizer que esse reconhecimento não se deu sem um histórico prévio; de acordo com Ana Bock *et al.* (2022), desde meados de 1920 a psicologia já era ensinada nas universidades, sobretudo nos cursos de educação. Assim, muitos profissionais demonstraram interesse pelas discussões e avanços da psicologia, que já era reconhecida em outros países.

O processo de constituição da psicologia como ciência e profissão no Brasil está intrinsecamente ligado às transformações sociais e políticas ocorridas no país. Segundo Ana Bock *et al.* (2022), a abolição da escravatura, em 1888, desencadeou uma série de mudanças que visavam trazer a ideia de modernidade para o Brasil e assim atrair investimentos internacionais. Nesse contexto, a construção de uma identidade nacional branca e "civilizada" tornou-se prioritária, e a psicologia, ao se consolidar como campo do conhecimento, contribuiu para a naturalização e legitimação desse ideal.

Desse modo, a psicologia também se consolida no Brasil como uma ciência e profissão vista socialmente como feminina, reforçando uma lógica preconceituosa e machista de que apenas mulheres exercem o cuidado, muito embora grande parte das teorias psicológicas seja atribuída a homens cis brancos.

Como ciência e profissão, a psicologia brasileira caminhou bastante, mas os avanços ainda são ínfimos diante da pluralidade e da diversidade social, cultural, populacional e territorial de nosso país. Assim, são cada vez mais necessários debates e novas produções de conhecimentos que vão além da episteme branca europeia e estadunidense.

Apresento, a seguir (p. 20), dois quadros que apontam, de forma cronológica, algumas mudanças importantes promovidas pelo Sistema Conselhos de Psicologia (Conselhos Regionais e Federal de Psicologia) para a psicologia brasileira em dois campos: resoluções e referências técnicas. Tais avanços só foram possíveis graças ao engajamento de profissionais que buscaram apresentar uma psicologia ética e comprometida com a sociedade brasileira.

Ao longo dessa história, muita gente lutou (e continua lutando) para que avenidas identitárias fossem percebidas e consideradas em nosso fazer profissional, buscando, assim, uma ciência comprometida com a realidade brasileira. É válido mencionar que muitas pessoas, sobretudo mulheres negras, se destacam nessa luta, ainda que o racismo presente na psicologia insista em tentar negar e apagar esse fato. Aqui, carinhosamente, destaco: Virgínia Bicudo, Maria Lúcia da Silva, Cida Bento, Jesus Moura, Lívia Arrelias, Angélica Alves, Luísa Cruz, Gisleide Sena, Marina Queiroz e tantas outras profissionais que resistem bravamente.

RESOLUÇÕES	
1999	Cria a Resolução CFP 001/1999, que estabelece normas de atuação para os psicólogos em relação à orientação sexual dos pacientes.
2002	Cria a Resolução CFP 018/2002, que estabelece normas de atuação para os psicólogos em relação ao preconceito e à discriminação racial.
2018	Cria a Resolução CFP 001/2018, que estabelece normas de atuação para as psicólogas e os psicólogos em relação a pessoas transexuais e travestis.
2020	Cria a Resolução CFP 008/2020, que estabelece normas de exercício profissional da psicologia em relação às violências de gênero.
2022	Cria a Resolução CFP 008/2022, que estabelece normas de atuação para profissionais da psicologia em relação às bissexualidades e demais orientações não monossexuais.
2024	Cria a Resolução 016/2024, que estabelece normas de atuação para a categoria profissional em relação às pessoas intersexo.

REFERÊNCIAS TÉCNICAS	
2013	Referências técnicas para atuação de psicólogas(os) no atendimento às mulheres em situação de violência.
2017	Relações raciais: referências técnicas para atuação de psicólogas(os).
2019	Referências técnicas para atuação de psicólogas(os) com povos tradicionais.
2022	Referências técnicas para atuação de psicólogas(os) com os povos indígenas.
2023	Referências técnicas para atuação de psicólogas, psicólogos e psicólogues[1] em políticas públicas para a população LGBTQIA+.

1. Termo disponível em: https://site.cfp.org.br/wp-content/uploads/2023/06/RT_LGBT_crepop_Web.pdf. Acesso em: 30 maio 2025.

Uma outra perspectiva da história da Gestalt-terapia: inquietação clínica

A história da Gestalt-terapia é atravessada por questões políticas e sociais que marcaram as experiências de seus fundadores, tal como as perseguições nazistas a fim de exterminar qualquer pessoa que não fosse considerada da raça ariana — que, para Adolf Hitler e os nazistas, era pura. Fritz Perls, de ascendência judaica e nascido na Alemanha, viu-se compelido a exilar-se na África do Sul, buscando escapar da perseguição e do iminente extermínio.

O regime nazista, de ideologia racista, considerava os judeus "vermes parasitas" que, por esse motivo, deviam ser eliminados. Qualquer semelhança com o genocídio da população negra, que inclusive perdura até os dias de hoje, não é mera coincidência. Assim, o regime nazista condenou todos os judeus, independentemente de classe social, gênero, religião e idade, à morte (Museu Memorial do Holocausto dos Estados Unidos, s/d).

Porém, embora tenha sofrido perseguição por questões raciais, Perls não se debruçou sobre o assunto, ignorando, em alguma medida, os atravessamentos que o cenário político trazia para a sua vida, talvez influenciado pela conhecida citação, inclusive usada muitas vezes de forma deliberada por Gestalt-terapeutas, que diz: "Não importa o que fizeram com você. O que importa é o que você faz com aquilo que fizeram com você" (Jean Paul Sartre).

Me chama bastante a atenção que avenidas identitárias sempre estiveram presentes na história da Gestalt-terapia, sobretudo através das pessoas que a fundaram, porém ignoradas e apagadas. Lilian Frazão (2013) traz relatos riquíssimos sobre os bastidores da história da Gestalt-terapia, e outras autoras nos ajudam a nos defrontar com importantes questões.

Destaco aqui alguns exemplos que considero fundamentais para explicitar o que não foi — e continua não sendo — figura para a Gestalt-terapia:

- Paul Goodman (1911-1972) era um homem bissexual, ciente das dificuldades e opressões geradas por se relacionar com outros homens em uma sociedade homofóbica (Goodman, 2012).
- Isadore From (1919-1994) foi um homem com poucas condições financeiras, de modo que precisou praticamente implorar por atendimento psicoterápico, mostrando que a psicoterapia não é um serviço acessível e indicando, assim, questões de classe (Lilian Frazão, 2013).
- Laura Perls (1905-1990) teve influência direta na construção de dois livros básicos para a Gestalt-terapia: *Ego, fome e agressão* (Fritz Perls) e *Gestalt-terapia* (Fritz Perls, Ralph Hefferline e Paul Goodman). No entanto, seu nome não é mencionado em nenhum deles como coautora, o que demonstra, no mínimo, a problemática de gênero presente (Laura Perls, 1992).

Tais situações podem nos ajudar a refletir a respeito de quanto essas questões foram ignoradas ao longo da criação e disseminação da Gestalt-terapia por não terem sido problematizadas, por vezes tendo como fundo a desculpa de que racismo, sexismo, homofobia, classicismo e tantas outras violências não fazem parte do campo "fenomenológico", ainda que atravessem diretamente a história de vida das pessoas que são ouvidas por nós.

A Gestalt-terapia busca compreender o ser humano em sua totalidade, incluindo corpo, mente e emoções, e propõe uma concepção de mundo e de pessoa[2] mais ampla e integrada em comparação com outras abordagens, reconhecendo a importância das experiências e relações para a construção da identidade e a conscientização (Lilian Frazão, 2013).

2. O termo "concepção de pessoa" é aqui usado em substituição ao termo "visão de homem", a fim de considerar outras avenidas identitárias e não coadunar com o racismo, o sexismo e o machismo presentes nas produções científicas.

Ao enfatizar o aqui e agora e a totalidade da experiência, a Gestalt-terapia encontra na interseccionalidade um solo fértil. No entanto, ao ignorar as avenidas identitárias que constituem cada pessoa, negligencia aspectos fundamentais que contribuem para o desenvolvimento de potencialidades.

Então, para onde vamos?

Uma estratégia importante para a construção de um raciocínio clínico em Gestalt-terapia é considerar que não devemos fragmentar o campo existencial, de modo que precisamos nos distanciar do *isso* ou do *aquilo*. Vale ressaltar, também, que experiências são sempre individuais e diversas: uma pessoa negra pode não ter consciência das situações de racismo que já vivenciou, assim como uma mulher pode não se dar conta de situações de violência de gênero em virtude da negação do machismo. Devemos, portanto, ter uma perspectiva holística, compreendendo que o todo é mais do que a soma das partes.

A vida acontece na encruzilhada!

Agora, retomarei trechos da minha apresentação no início deste capítulo, a fim de problematizar algumas questões que podem servir como seladoras para a prática clínica, seja ela no campo do consultório privado, nas políticas públicas ou em qualquer outro espaço em que a psicologia e a Gestalt-terapia se façam presentes. Vale destacar que meu objetivo não é definir uma forma, uma verdade absoluta, mas convidar à reflexão, a olhar para outras possibilidades além das perspectivas hegemônicas.

Ao pedir bênção às mais velhas e mais novas, demonstro respeito à minha ancestralidade, compreendendo a importância de, antes mesmo de me apresentar, referenciar quem veio antes de mim e quem tem a missão de dar continuidade à roda da vida. Não é incomum que pessoas negras mais velhas não sejam alfabetizadas, e isso tem uma relação direta com o que apresentamos sobre o cenário da formação do povo brasileiro, sobretudo o racismo. Demonstrar respeito a essas pessoas é, acima de tudo, honrar seus conhecimentos transmitidos através da oralidade, bem como suas experiências.

Quando apresento minha família, sobretudo bisavós maternos, mãe e sobrinha (embora minha família seja muito mais ampla), aponto que não estou sozinho no mundo. Minha família é inter-racial, tendo uma composição afro-indígena, preta e branca, e isso contribui para uma dinâmica familiar não homogeneizada, pois existem recortes específicos que devem ser considerados nas experiências raciais, como vimos.

Ao apontar o território que me acolheu no mundo, assinalo que existem vivências que não costumam estar no horizonte de um olhar racialmente branco, o que é extremamente problemático, pois residir na periferia não pode ser sinônimo de marginalidade, assim como não pode ser lido com as lentes do privilégio branco.

Vamos a um exemplo: imaginemos uma mulher branca, assalariada e periférica em um supermercado comprando alimentos. No mesmo espaço, existe uma mulher negra, assalariada e periférica fazendo compras. A experiência de compras é a mesma para ambas?

É possível que você considere que sim; no entanto, as chances de a mulher negra estar sendo perseguida pelos seguranças e pelas câmeras de vigilância são muito maiores, pelo simples fato de ser negra. Um exemplo é o caso da atriz e professora Isabel Oliveira, veiculado nos meios de comunicação em abril de 2023, quando ela foi perseguida por cerca de 30 minutos dentro de um supermercado em Curitiba. Isabel afirmou ter sido tratada como uma "marginal". Obviamente, após a imensa repercussão do caso, a loja negou em nota que o segurança tivesse sido racista.

Em uma sociedade racista, pessoas de pele negra são facilmente associadas à criminalidade. É o que vemos neste trecho da música "Ismália", de Emicida (2019): *Hashtags* #PretoNoTopo, bravo! / 80 tiros te lembram que existe pele alva e pele alvo / Quem disparou usava farda (mais uma vez) / Quem te acusou nem lá num tava (bando de espírito de porco) / Porque um corpo preto morto é tipo os *hit* das parada: / Todo mundo vê, mas essa porra não diz nada.

Caminhos para sulear[3]: considerações desnorteadoras

A escrita deste capítulo seguiu o fluxo contrário dos conhecimentos hegemônicos (eurocêntricos e estadunidenses), pois se propôs a subverter a lógica imposta, posicionando-se criticamente diante do apagamento histórico das diversas identidades e formas de conhecimento.

Me posiciono na primeira pessoa, a fim de me afastar da lógica da neutralidade imposta cientificamente, na qual autoras e autores aparecem apenas com seus sobrenomes, o que, geralmente, nos leva a acreditar que são homens brancos. Afinal, diante do sexismo e do racismo, raramente associamos ao gênero feminino nomes como Santos, Silva, Ferreira, Cavalcanti e tantos outros "ditos" masculinos, tampouco percebidos com pessoas negras. Assim, as intelectuais citadas apareceram com nome e sobrenome, a fim de destacar mulheres que produzem ciência. Esse é um posicionamento ético-político necessário, pois não devemos nos esconder das encruzilhadas, tampouco nos manter neutros na escrita.

Conceição Evaristo, por meio da *escrevivência* — que consiste em uma prática da escrita como modo de viver e resistir — afirma: "A nossa *escrevivência* não pode ser lida como histórias para 'ninar os da casa-grande', e sim para incomodá-los em seus sonos injustos" (Conceição Evaristo, 2020, p. 54). Descrevo aqui situações reais, comuns na existência de parcela da sociedade brasileira, que é majoritariamente negra e periférica. Além disso, atento para o fato de que a his-

3. A palavra se refere a uma proposta contra-hegemônica que valoriza saberes situados nas realidades do Sul Global. O uso do termo é uma escolha de caráter ético e político, alinhando-se à descolonização do conhecimento e à valorização de epistemologias que emergem a partir do Sul.

tória precisa ser recontada quantas vezes forem necessárias, mas nem sempre do mesmo ponto de vista.

Diante do exposto, almejo que este texto atue como um catalisador de reflexões críticas, desnorteando Gestalt-terapeutas brasileiros a questionar a fundo suas práticas. Em especial, desejo provocar aqueles profissionais que, amparados por seus privilégios, tendem a perpetuar perspectivas eurocêntricas e estadunidenses, desconsiderando a necessidade de uma constante atualização e adaptação às complexas realidades do Brasil contemporâneo. Que este capítulo os incentive a romper com zonas de conforto, a sulear conhecimentos e a buscar diálogos com as diversas experiências e avenidas identitárias que compõem a nossa sociedade.

Referências

AKOTIRENE, C. *Interseccionalidade*. São Paulo: Pólen, 2019.

ANDRADE, E. *Negritude sem identidade: sobre as narrativas singulares das pessoas negras*. São Paulo: N-1, 2023.

BEAUVOIR, S. de. *O segundo sexo*. Rio de Janeiro: Nova Fronteira, 1970.

BENTO, C. *O pacto da branquitude*. São Paulo: Companhia das Letras, 2022.

BOCK, A. *et al.* "O compromisso social da psicologia e a possibilidade de uma profissão abrangente". *Psicologia: Ciência e Profissão*, v. 42, n. esp., p. e262989, 2022.

CONSELHO FEDERAL DE PSICOLOGIA. *Resolução CFP n. 10, de 21 de julho de 2005*. Aprova o Código de Ética Profissional do Psicólogo. Brasília: CFP, 2005.

______. *Relações raciais: referências técnicas para atuação de psicólogas/os*. Brasília: CFP, 2017.

CRENSHAW, K. "Documento para o encontro de especialistas em aspectos da discriminação racial relativos ao gênero". *Revista Estudos Feministas*, [S. *l.*], v. 10, n. 1, p. 171, 2002. Disponível em: https://doi.org/10.1590/S0104-026X2002000100011.

DREIFUSS, R. *1964: a conquista do estado*. Rio de Janeiro: Vozes, 1981.

EMICIDA. "Ismália". In: *AmarElo*. São Paulo: Laboratório Fantasma, 2019. Faixa 8. CD.

_____. "Prefácio". In: Bola, J. J. *Seja homem: a masculinidade desmascarada*. São Paulo: Dublinense, 2020.

Evaristo, C. "Da grafia-desenho de minha mãe, um dos lugares de nascimento de minha escrita". In: Duarte, C. L.; Nunes, I. R. (orgs.). *Escrevivência: a escrita de nós: reflexões sobre a obra de Conceição Evaristo*. Rio de Janeiro: Mina Comunicação e Arte, 2020, p. 49-58.

Frazão, L. M. "Um pouco da história...: um pouco dos bastidores". São Paulo: Summus, 2013.

Goodman, P. "Ser queer". *Bagoas — Estudos gays: gêneros e sexualidades*, [*S. l.*], v. 6, n. 7, 2012. Disponível em: https://periodicos.ufrn.br/bagoas/article/view/2234. Acesso em: 10 nov. 2024.

hooks, b. *Ensinando comunidade: uma pedagogia da esperança*. Trad. Kenia Cardoso. São Paulo: Elefante, 2021.

Kilomba, G. *Memórias da plantação: episódios de racismo cotidiano*. Rio de Janeiro: Cobogó, 2019.

Museu Memorial do Holocausto dos Estados Unidos. "Vítimas do período nazista: ideologia racial nazista". *Enciclopédia do Holocausto*. Washington, DC: Museu Estadunidense Memorial do Holocausto, [s.d.]. Disponível em: https://encyclopedia.ushmm.org/content/pt-br/article/victims-of-the-nazi-era-nazi-racial-ideology. Acesso em: 19 maio 2025.

Nêgo Bispo. *A terra dá, a terra quer*. São Paulo: Ubu /Piseagrama, 2023.

Organização das Nações Unidas. "Declaração Universal dos Direitos Humanos". In: *Documentação das Nações Unidas*. Nova York: ONU, 1995, p. 15-20.

Oyěwùmí, O. *A invenção das mulheres: construindo um sentido africano para os discursos ocidentais de gênero*. Rio de Janeiro: Bazar do Tempo, 2019.

Perls, L. "Notas sobre suporte fundamental do processo de contato". In: *Living at the boundary*. Trad. Gabriela Gibson Cunha. Gouldsboro: The Gestalt Journal Press, 1992, p. 83-91. [Título original: Notes on fundamental support of the contact process.]

Racionais Mc's. "Negro Drama". In: *Nada como um dia após o outro dia*. [*S. l.*]: [s.n.], 2002. Faixa 5. CD.

2. Uma perspectiva coletiva das relações raciais: negritude e Gestalt-terapia

Valdicéia Miranda Machado Bouzada
Elaine Maria Silva Moura
Kevin da Silva Martins
Thauane Cunha Siqueira
Carolina de Carvalho Duarte Guimarães

Abrindo caminhos

Nesta escrita nos desafiamos a falar sobre a Gestalt-terapia com base nos diálogos estabelecidos nos encontros do Núcleo de Relações Étnico-Raciais (NRER). Esse coletivo nasceu a partir de uma iniciativa da Associação Brasileira de Gestalt-terapia e Abordagem Gestáltica (ABG), organização que visa abrir caminhos para o crescimento da Gestalt-terapia, caminhos esses que objetivam atualizar e sustentar coletivamente espaços para colaborar com a desestruturação e restruturação da história de silenciamento e violência sofridos pela população negra.

Somos um eco de luta que convoca a recuperar nossas histórias a partir de vozes coletivas. Em outras palavras, hipotetizamos, celebramos e cultivamos uma história de protesto e mobilização negra para a comunidade Gestáltica — uma história diaspórica. Esse coletivo tem cores, majoritariamente negras, e, em sua maioria, é formado por mulheres.

A Gestalt-terapia surgiu em 1958, no seio dos movimentos de afirmação da vida, de resistências e crenças políticas na transformação social. O período era de oposição à Guerra do Vietnã, ao capitalismo, ao autoritarismo, ao comunismo, ao conservadorismo, à segregação racial e à corrida armamentista (Perls, Hefferline e Goodman, 1997, p. 7-26).

A Gestalt-terapia nasce em meio à perspectiva de que o modo como a sociedade e a cultura se organizam produz certos ajustamentos que não podem ser compreendidos em seu aspecto exclusivamente psicoterapêutico. Assim, ela inaugura a clínica das relações sociais, e tal concepção prontamente denuncia uma falsa dicotomia entre psicologia clínica e psicologia social, entre a individualidade e a coletividade, colocando assim a clínica como um espaço ampliado que transita no "entre", no singular e no universal. Posto isso, olhar para o sofrimento de uma pessoa é, também, olhar para os problemas da humanidade (Boccardi, 2021).

Parece redundante introduzir este capítulo ressaltando os pilares sob os quais a Gestalt-terapia surgiu, no entanto temos cada vez mais percebido a necessidade de um retorno às raízes, sem perder de vista o tempo atual. É preciso trazer à memória que a nossa sociedade foi fundada no contexto de um longo processo de violências e violações, de autoritarismos e totalitarismos, por meio da colonização. A colonização no Brasil teve início em 22 de abril de 1500, com a chegada dos portugueses. Desde então, existe um longo processo de estratificação de vidas que vem se perpetuando com o nome de modernidade.

Achille Mbembe (2017) retrata o processo colonial como uma guerra. Longe de levar à globalização da democracia, a corrida para terras novas desembocou em uma nova lei (*nomos*) da terra, cuja principal característica é tornar *guerra* e *raça* dois sacramentos privilegiados da história para os colonizadores. A consagração da guerra e da raça nos altos-fornos do colonialismo tornou-as simultaneamente o veneno e o antídoto da modernidade.

É significativo dizer que a Gestalt-terapia não está desarticulada dessa produção colonial. Existe um apagamento sistemático do tempo de Fritz e Laura Perls na África do Sul, bem como uma escassez do arcabouço de produções contemporâneas que falem sobre as questões de raça e etnia, sendo que já existiam discussões muito assíduas nos Estados Unidos desde a fundação da abordagem. A própria Laura Perls, que participou ativamente da construção da Gestalt-terapia, foi apagada e silenciada sistemicamente. Quando se trata de discussões que envolvem as violências que atravessam a história dos povos escravizados, tudo que tem sido produzido é muito recente. Nossa luta torna-se, assim, uma luta pela memória, contra o esquecimento, contra o apagamento. Racismo, machismo e LGBTQIAPNfobia são resultados dessa máquina colonial de produção de aniquilamentos que rompem a realidade e dividem o mundo entre quem pratica a violência e quem a sofre (Veiga, 2019).

Apresentado esse solo histórico de apagamento e silenciamento, repensar a Gestalt-terapia torna este texto indispensável, tanto para a compreensão da abordagem por uma postura teórica que englobe as demandas da realidade brasileira na atualidade quanto para a consolidação de uma Gestalt-terapia contracolonial. O intuito é descentralizar a Gestalt-terapia e propor um retorno a despeito de sua premissa original, de tomar um lugar significativo na evolução da sua psicoterapia (Perls, Hefferline e Goodman, 1997, p. 17).

A proposta consiste na reinvenção da Gestalt-terapia a partir de suas configurações tradicionais, promovendo um retorno crítico às suas bases, com abertura para questionar e superar premissas que ignoraram atravessamentos como o racismo, a colonialidade e outras formas de opressão, reafirmando sua relevância no contexto evolutivo da psicoterapia e sua responsabilidade ética diante das desigualdades. Tal movimento solicita necessariamente um modo de perceber o mundo a partir das margens. Um retorno ao início, ao pé na estrada, ao intuitivo, um movimento *sankofa* a despeito das experiências de uma população diversa. *Sankofa* é um *adinkra* (ideograma africano) que significa "voltar e pegar" ou "voltar para buscá-la", representado pela figura de um pássaro com a cabeça virada para trás. A ideia é olhar para o passado para aprender e buscar sabedoria a fim de construir o futuro.

Ailton Krenak (2023) diz: "O futuro é ancestral". Desse modo, propor uma construção a partir de um olhar para as nossas origens requer a descentralização da noção universal de origem. Nêgo Bispo (2015) argumenta que os povos originários que aqui estavam e os povos africanos que aqui chegaram tinham seus próprios saberes, fundamentais em seus modos de vida. Os saberes orgânicos confluem, criam, dizem a respeito do ser e são transmitidos pela oralidade e a ancestralidade.

A linguagem academicista visa à manutenção de um único saber, desconsiderando tudo aquilo que não se encaixa em seus rótulos formais. Há um esforço constante para separar o mundo subjetivo do mundo objetivo, bem como os hierarquizar, julgando um conhecimento em detrimento do outro, o mundo mental como superior ao mundo da matéria. "Os saberes considerados válidos são aqueles que a universidade converte em mercadoria." Buscou-se, então, propor uma arquitetura da oralidade para a escrita, para fazer fixar "a fala" no papel (Nêgo Bispo, 2023). Conceição Evaristo (2022, p. 9) aponta:

> [...] a escrita nos deixa em profundo estado de desesperação, pois a letra não agarra tudo o que o corpo diz. Na escrita faltam os gestos, os olhares, a boca entreaberta de onde vazam ruídos e não palavras. No registro da letra também faltam o tremor do choro e o rasgo do riso. A fala suspensa foge da escrita. A grafia não registra a intensidade de um silêncio intervalar, diante de um renovado estado de estupor, vivido na hora das relembranças. Se contar e recontar são atos marcados por sinais de incompletude, pois difícil é traduzir os intensos sentidos da memória, imaginem escrever.

Assim, precisamos tecer uma história avessa às coisas como nos são dadas, pois é às avessas que podemos pensar e produzir a ciência a partir do lado de fora, do lugar do não sei tudo, do espaço do suspiro, de recolher o que veio antes de nós e de cocriar pertencimento. É menos sobre o que sei e mais sobre o que podemos criar a partir do encontro com as nossas raízes, da troca e produção de conhecimento como um ato político e necessário à integração de saberes. Isso requer de nós a retomada da noção de circularidade, cuja proposta epistêmica está fundamentada principalmente na Filosofia África, em busca de elementos fundamentais da linguagem (oralidade e escrita) como um ato de relacionar o conhecimento da comunicação com os saberes tradicionais (não cientificados), bem como de estabelecer na contemporaneidade um paralelo entre noções científicas em construção e uma sabedoria ancestral enraizada que se mantém viva na humanidade (Florence Dravet e De Oliveira, 2017).

Não é apenas sobre quem precisa lutar pelo fim do racismo: é também sobre o fim da estratificação da terra. Enfrentar o racismo é, antes de tudo, resistir e lutar contra todas as formas de extermínio da vida. Ademais, quem deve lutar contra o racismo são as pessoas brancas; no entanto, quem está fazendo isso somos nós, pessoas pretas.

Sendo assim, intuímos que pensar a Gestalt-terapia à luz da contracolonização é, de modo igual, descolonizar a produção de conhecimento, o que implica manter-se conectado às discussões étnico-raciais, de gênero e outros marcadores sociais, admitindo que nós mesmos, em nossa "brasilidade", somos história e, como história, estamos situados em uma territorialidade — aqui e agora. Faz-se necessário olhar para a nossa base, bem como compreender que, quando se trata de territórios não eurocêntricos, cada passo foi, e é, resistência e luta para se constituir como existência.

Contracolonizar se refere a romper com as formas como a realidade não branca é definida e moldada pela cultura dominante, afirmando a universalidade *versus* o entendimento da realidade e de nossa própria experiência (bell hooks, 2019d). Entretanto, para isso, é vital que novos caminhos sejam abertos para expandir perspectivas, atravessar fronteiras, transbordar mundos, atravessar a borda e ir em direção às margens e periferias, a fim de construir uma Gestalt-terapia efetivamente enraizada em nossas realidades e experiências.

Esta escrita é uma aposta metodológica coletiva, ancorada na Gestalt-terapia e condizente com a nossa realidade, pessoas não brancas, não heterossexuais e que não se enquadram na normatividade branquicêntrica-hétero-patriarcal, o que não significa invalidar o legado deixado. Ao contrário, o intuito é reconfigurar, de forma a propor novos diálogos que nos permitam compreender as especificidades do nosso território e da nossa contemporaneidade, já que o que acontece no mundo nos atravessa e produz subjetividades (Guattari, 1992, p. 161). É preciso dizer o óbvio: este mundo produz traços de uma memória colonial. E a partir desses traços a figura que emerge é a violência para os não brancos e o privilégio para todos aqueles que se enquadram nos padrões das normatividades.

Então, como refazer o caminho e repensar uma Gestalt-terapia a partir da nossa territorialidade? Como fazer nascer uma Gestalt-terapia com caminhos e sentidos no campo contemporâneo? Como tornar essa Gestalt-terapia brasileira? Tais questões só poderão ser respondidas à medida que o marcador racial superar estereótipos de gênero, privilégios de classe e cis-hétero-normatividades articuladas em nível global.

Posto isso, o momento é de pensar a partir de outras referências que não a eurocêntrica. É preciso ler o sul global para que seja, desde já, um caminho de construção de um discurso contra-hegemônico, de dizer não às violências do colonizador e de sustentar uma "contralinguagem". Sendo assim, optamos, como forma de fazer referência às autoras deste estudo, o uso do primeiro nome: assim combatemos as diversas tentativas de apagamento dessas mulheres.

Propomos uma escrita como ato ético, estético e político, que pretende romper com os mecanismos de silenciamento no contexto da questão étnico-racial e suas interseccionalidades, a partir da perspectiva de uma Gestalt-terapia não branca, que se propõe a pensar uma clínica contracolonial, capaz de tornar visível a invisibilidade. Escrever será nossa forma de reexistir em estado de palavra, para construir conhecimentos a partir da nossa relação como uma abordagem que pode caminhar para novas produções dos saberes e das relações.

Relações étnico-raciais: vozes marginais

Gloria Anzaldúa (2000, p. 229) diz que escrever causa medo. Escrever sobre relações étnico-raciais também causa medo. Escrever é como andar por estradas desconhecidas, não sabendo bem quem ou o que encontrará. Porém, o corpo guarda memórias de um caminho às cegas e às avessas que atravessamos e seguimos atravessando. Ousamos dizer que, por um viés histórico, não é possível compreender a relação entre o branco e o negro sem pensar nas violências nela imbricadas, resultado de mecanismos de dominação e poder. Para a Gestalt-terapia não há dualidade mente/corpo, dada a sua visão holística. O termo holismo vem do grego *holos* e se refere à totalidade, ao todo, ao conjunto; todavia, usar a palavra corpo para se referir ao coletivo negro não corrobora em nenhum momento com o rompimento dessa perspectiva, e não temos compromisso com a manutenção dessa dualidade. No entanto, as violências que a pessoa negra sofre vão muito além da corporeidade — inclusive, na especificidade da experiência da pessoa negra, é o corpo o principal alvo dessas violências. Ignorar tal fato implica uma tentativa de apagamento delas.

Os corpos sequestrados para o Brasil eram submetidos ao trabalho escravo nas fazendas, vivendo em péssimas condições, brutalizados e animalizados. A escravização vergava-lhes, física e moralmente. E, se não bastassem os séculos de escravidão, quando da assim chamada alforria, liberdade ou Lei Áurea, foram abandonados, entregues à própria sorte nos centros das cidades, sem qualquer garantia de direitos.

Respondendo a Gloria Anzaldúa, tememos escrever pois mal sabemos dizer se as palavras que usamos são nossas ou do colonizador. A nossa voz é ferida, de um eu coletivo. Muito do que pensamos e a forma como nos ajustamos no campo advêm de séculos de violência naturalizada. Nossos corpos-territórios estão marcados por mecanismos de opressão e silenciamento que compõem uma cultura de dominação, que historicamente contempla e atende aos interesses de um grupo seleto: homens brancos cis-heteronormativos como detentores de privilégios e saberes (Almeida, 2021; bell hooks, 2019a).

Para Cida Bento (2022), a relação estabelecida entre negros e brancos no Brasil é de dominação de um grupo sobre o outro, como tantas que observamos cotidianamente ao nosso redor, na política, na cultura e na economia. A autora lançou mão do conceito de branquitude para se referir à posição de privilégio que as pessoas brancas ocupam em sociedades marcadas pelo racismo. É uma racialidade construída historicamente, um pacto que legitima a violência racial contra grupos não brancos. A branquitude reduz o corpo negro a um corpo destituído de pensamento, capaz apenas de "oferecer" sexo e força de trabalho.

Assim também criaram o mito da identidade nacional brasileira, que colabora para o apagamento da raça para construir uma ideologia de democracia racial. Apagou-se a categoria política da raça e se eliminou a linguagem que poderia descrever as desigualdades sociais que afetam cotidianamente a vida de pessoas não brancas. O que restou foi um legado assentado em uma imagem da identidade nacional no Brasil que cultiva e postula que o racismo não existe (Cida Bento, 2022; Patrícia Collins e Sirma Bilge, 2021); no entanto, a imagem que temos é de uma violência inaudita, que exprime o que o corpo negro traz na pele.

O Conselho Federal de Psicologia (2017) destaca a importância de se considerar que o racismo gera sofrimento psíquico, pois a população negra, ao enfrentar discriminação e exclusão, sofre com sentimentos de inferioridade, vive em constante estado de vigilância e é alvo de violências sentidas tanto na pele quanto nas emoções. Sofrer na pele reflete o impacto direto, e físico, dessas violências, que não afetam apenas o interior da pessoa, mas também sua identidade, sua aparência e suas vivências no dia a dia.

Para Grada Kilomba (2019), o racismo incorpora uma cronologia atemporal, não apenas como a reencenação de um passado colonial, mas também como uma realidade traumática que tem sido negligenciada. O trauma do racismo não cicatriza; é uma ferida aberta que sangra diariamente, a cada ida ao supermercado, às ruas, aos parques. O corpo negro é o que a bala perdida encontra, o que a polícia revista, é aquele deitado nas ruas. Na vida da pessoa não branca o racismo é o fio condutor das relações, e, enquanto fenômeno presente no campo, violenta a existência do lado mais vulnerável da relação devido ao não reconhecimento da importância dessas vidas. Portanto, a frase "a pessoa preta sofre na pele as violências" sintetiza a experiência do racismo na sua dimensão mais visceral e abrangente, destacando como ele afeta a identidade, o corpo e a vida da pessoa negra, ao mesmo tempo que sinaliza a contínua luta contra essas violências.

O racismo corrobora a produção de formas de existir sujeitas a contornos de atualização de experiências de opressão e destituição da condição de ser no mundo. É uma figura comum generalizada que delineia os modos de ser no mundo, inter-humano ou intersubjetivo. Se esse fundo não oferecer suporte para a emergência de uma nova figura que favoreça uma reconfiguração, pode gerar ansiedade.

A maneira de se expressar, o falar de si, a função ego no presente é marcada pela cor da pele negra que define um lugar de aniquilação, atravessado por um contexto social e pelos significados de ser não branco. Assim, seu corpo está em constante vigilância, imerso em uma realidade cotidiana que se mantém inalterada. O que emerge nesse contexto é um modo de vida marcado pela impotência, com subjetividades nômades formadas a partir de exclusões materiais e históricas, caracterizando o sujeito subalterno (Laura Perls, 2004).

Encruzilhadas

Quando dizemos que o mar está encruzilhado, queremos dizer que o mar está sempre bravo. Quando dizemos que nos sentimos numa encruzilhada, queremos dizer que uma, duas ou mais ruas se cruzam. Encruzilhadas são pontos de encontro. A interseccionalidade é um conceito que pode ser descrito como uma encruzilhada de estruturas e se refere à interação de fatores sociais que colidem em certas existências.

O termo "interseccionalidade" permite-nos compreender essa colisão das categorias de raça, classe, gênero, orientação sexual, nacionalidade, etnia, faixa etária e outras como inter-relacionadas. Fato é que essas categorias se sobrepõem e podem funcionar de maneira unificada como um "sistema de opressão interligado" (Patrícia Collins, 2021). O conceito de interseccionalidade é imprescindível para a compreensão da sociedade atual, considerando que ela se estrutura por uma matriz colonial — cis-heteropatriarcal — na qual o capitalismo e a estrutura racial coexistem como reguladores e modeladores de experiências e de modos de subjetivação.

Sueli Carneiro (2011) aborda as origens históricas do racismo e do sexismo no Brasil, ligando-os à época colonial do país. Ela defende que a herança da escravidão e do colonialismo ainda influencia as relações sociais no Brasil contemporâneo, perpetuando padrões de desigualdade e preconceito. Analisa as conexões entre raça, gênero e classe que fundamentam as mais variadas e intrincadas expressões de desigualdade social. A filósofa e escritora defende que a desigualdade social no Brasil não deve ser vista apenas sob a perspectiva de classe: também deve ser considerada a forma como raça e gênero influenciam as vivências de pobreza e marginalização dos indivíduos nos mais variados contextos.

Ao concentrarmos nosso olhar na raça, no gênero e na cidadania, a interseccionalidade muda a forma como pensamos as estruturas sociais de distribuição de riqueza e todos os principais indicadores de violências e desigualdade social. Grada Kilomba (2019) argumenta que, no caso da mulher negra, raça e gênero são inseparáveis. Para Silvia Federici (2023), o gênero é resultado de um processo disciplinador, que se mantém não apenas por meio de imposição de normas, mas da organização e da divisão do trabalho, do estabelecimento de mercados de trabalho distintos e da organização da família, da sexualidade e do trabalho doméstico. Em cada um desses contextos há uma forma de coerção. Portanto, a experiência das mulheres negras envolve ambas as violências, porque construções racistas baseiam-se em papéis de gênero e vice-versa, e o gênero tem um impacto na construção de "raça" e na experiência do racismo.

Para bell hooks (2019b) o sexismo era parte da ordem social e política eurocêntrica, que causou impacto profundo no destino de mulheres negras escravizadas. Assim, corpo e natureza têm uma história (e sendo esse corpo negro e biologicamente definido como feminino), são um substrato bruto sob o qual se pode anexar um significado cultural do qual incorre a partir de violências (Silvia Federici, 2023).

É imprescindível incluir a dimensão racial no processo terapêutico e, consequentemente, criar um ambiente propício para ouvir as questões enfrentadas por pessoas negras — é, acima de tudo, reconhecer a totalidade do sujeito. Trata-se de se comprometer como uma clínica antirracista, o que necessariamente implica uma escuta atenta às implicações racistas que pessoas não brancas vivenciam.

Escurecendo a Gestalt-terapia

A Gestalt-terapia antirracista deve considerar a realidade como uma pluralidade, e não como algo atrelado ao discurso da falsa democracia racial. A realidade incorpora a consciência do que é, e o que é depende do que cada pessoa traz consigo para cada situação e que está disponível na situação de fronteira. O conceito de fronteira é crucial na Gestalt-terapia, pois é onde ocorre o contato entre eu e não eu, sendo que, se o contato for diferente, haverá crescimento, mudança. No entanto, se a fronteira não permitir o contato com o diferente, com o novo, pode haver desconforto ou constrangimento, insegurança, incerteza e ansiedade. Para se estabelecer um contato verdadeiro, é preciso ter suporte suficiente. Sem suporte, não há bom contato. Suporte refere-se a tudo aquilo que alguém assimila e integra (Laura Perls, 2004). No entanto, para o preto é impossível viver integrado em um mundo cujo marcador de positividade continua sendo branco.

A supremacia branca, as violências patriarcais e sexistas e a misoginia ganham materialidade na carne nua e crua do corpo negro. Perls, Hefferline e Goodman (1997) apontam que toda função humana é interagir em um campo organismo/ambiente. Fundamentalmente, um organismo vive em seu ambiente por meio da manutenção da assimilação da sua diferença. E é na fronteira entre eles que os perigos são rejeitados, os obstáculos, superados e o assimilável, selecionado e apropriado. É o dessemelhante que pode tornar-se semelhante, e nesse processo de assimilação o organismo realiza modificações. bell hooks (2019c) descreve o corpo negro como o da objetificação e hipersexualização, da incapacidade de vivenciar o descanso, de viver o erotismo na vida real. A morte está sempre à espreita. E tudo isso em um mundo que insiste em dizer que nada disso importa, que nada disso é de fato relevante.

Destarte, ao olharmos para essa realidade, ousamos dizer que a Gestalt-terapia é incapaz de entender como o racismo atravessa esse corpo e ordena o mundo e as relações inter-raciais. Estamos falando sobretudo de um país no qual, embora a população negra represente o maior percentual populacional, o racismo continua definindo os lugares sociais que essas pessoas podem ocupar. Um lugar de trabalho exaustivo e subserviente, de ausência de direitos efetivos e cidadania, do medo da morte violenta, da impossibilidade da representação positiva, da redução de nossa vida a objetos. Isso é o que significa habitar as margens. Enfatizando que os espaços da diferença são, mais do que nunca, espaços de poder, dos quais o negro dificilmente participa.

Não há cuidado possível sem uma perspectiva política das feridas que são imputadas a esses indivíduos (bell hooks, 2019c), que não são considerados humanos. Um corpo que é considerado na perspectiva do que pode ser descartado, que, para ser tratado como pessoa, precisa se construir politicamente a partir do princípio de um processo de não animalização, porque o que o corpo negro tem como *script* é a desumanização. Exigir-lhes que se adaptem a um padrão dito ideal, que não é negro, é costurar sobre sua pele uma roupagem branca, a qual eles não conseguem reconhecer como sua.

Portanto, quando nos referimos à necessidade de a comunidade Gestáltica se dar conta de que estamos em um mundo em ebulição, quase numa encruzilhada histórica, na qual ainda ecoam os gritos do passado segregacionista — em meio aos gritos das duras e longevas lutas negras pela cidadania —, nos referimos a reconhecer no campo os fenômenos de violência que o racismo representa. Faz-se necessária uma perspectiva política das feridas que são imputadas a essa população que continua sendo marginalizada.

Bença-bençõe — Pode entrar!

Como coletivo do Núcleo de Relações Étnico-Raciais (NRER), nosso principal desafio foi, ao longo dos nossos encontros, deparar com a necessidade do letramento racial da comunidade gestáltica, ao mesmo tempo que lidamos com nossos atravessamentos de ser no mundo. Este capítulo teve, como compromisso coletivo, visibilizar as invisibilidades — o que requer de nós uma abertura radical para que de fato possamos descortinar o véu de uma falsa democracia racial, que por sua vez corrobora fortemente para que os sofrimentos advindos do racismo permaneçam invisibilizados. São consequências desse véu os sofrimentos que não foram criados pela população negra, mas pelo colonialismo e pelas estruturas sociais daí decorrentes.

Esse processo de contracolonizar a Gestalt-terapia, que observamos ao longo da nossa atuação como coletivo e sintetizamos aqui, é urgente para que a nossa abordagem seja sensível a esses aspectos sociais. A partir disso, compreendemos que o processo de descentralizar a Gestalt-terapia exige o reconhecimento da dor histórica e um comprometimento, como Gestalt-terapeutas, com a prática cotidiana de reconfiguração, reconhecendo seu papel diante desse trauma que se perpetua e, por isso, não cicatriza.

Compreendemos que preencher esse hiato da Gestalt-terapia requer de nós uma prática que questiona as certezas epistemológicas, buscando a abertura para outras formas de produção de conhecimento e de humanidade. Parafraseando Gloria Anzaldúa (*apud* Costa e Ávila, 2005), somente ao existirmos no campo da tradução poderemos ter alguma chance de gerar um entendimento multicultural da sociedade. Nesse sentido, uma das principais contribuições de sua teoria é a formulação de uma visão que une, de forma simultânea, a política identitária e a política de alianças. Isso possibilita que esses dois aspectos, embora pareçam contraditórios, se fortaleçam e se interrompam de forma dialética, enriquecendo-se com suas limitações mútuas. Ao estabelecer direções essenciais para uma possível estratégia de alianças, Glória Anzaldúa não desconsidera, nem desvaloriza, a importância estratégica das políticas identitárias.

Assim, almejamos que este seja apenas um primeiro passo, e, sobretudo, uma proposta-convite para que outros ingressem nessa luta. A luta contracolonial é uma luta de todes, e não apenas das pessoas pretas e LGBTQIAPN+. Seguimos, por enquanto, a nossa oração, criada por Ruth Cohn (*apud* Burow, Quitmann e Rubeau, 1987, p. 16) e traduzida por Luiz Lilienthal:

> Eu me preocupo com as minhas coisas, eu sou eu
> Você se preocupa com as suas coisas, você é você
> O mundo é nossa tarefa
> Ele não corresponde às nossas expectativas
> Mas se nos preocuparmos com ele, ele será muito bonito.
> Se não, ele não será.

Referências

Almeida, S. *Racismo estrutural*. 2. ed. São Paulo: Jandaíra, 2021.

Anzaldúa, G. "Falando em línguas: uma carta para as mulheres escritoras do terceiro mundo". *Revista Estudos Feministas*, Florianópolis, v. 8, n. 1, p. 229,

2000. Disponível em: https://periodicos.ufsc.br/index.php/ref/article/view/9880/9106. Acesso em: 1 out. 2024.

BENTO, C. *O pacto da branquitude*. [Edição do Kindle]. São Paulo: Companhia das Letras, 2022.

BOCCARDI, D. O. de. *Gestalt-terapia e sociedade*. São Paulo: Libears, 2021.

BUROW, O. A.; QUITMANN, H.; RUBEAU, P. *Gestalt Pädagogik in der Praxis*. Salzburg: Otto Müller, 1987.

CARNEIRO, S. *Racismo, sexismo e desigualdade no Brasil*. São Paulo: Selo Negro, 2011.

COLLINS, P. H.; BILGE, S. *Interseccionalidade*. São Paulo: Boitempo, 2021.

CONSELHO FEDERAL DE PSICOLOGIA. *Relações raciais: referências técnicas para atuação de psicólogas/os*. Brasília: CFP, 2017.

COSTA, C. de L.; ÁVILA, E. "Gloria Anzaldúa, a consciência mestiça e o 'feminismo da diferença'". *Revista Estudos Feministas*, Florianópolis, v. 13, n. 3, p. 691-703, set. 2005.

DRAVET, F.; DE OLIVEIRA, A. S. "Relações entre oralidade e escrita na comunicação: sankofa, um provérbio africano". *Miscelânea: Revista de Literatura e Vida Social*, v. 21, n. 1, p. 11-30, ago. 2017. Disponível em: https://doi.org/10.5016/msc.v21i0.8.

EVARISTO, C. *Canção para ninar menino grande*. [Edição do Kindle]. São Paulo: Pallas, 2022.

FANON, F. *Pele negra, máscaras brancas*. Salvador: EdUFBA, 2008.

FEDERICI, S. *Além da pele*. Rio de Janeiro: Elefante, 2023.

GIMBO, L. "A violência como hábito: leitura de um fenômeno social a partir da teoria do self". In: NASCIMENTO, L. C. S.; VALE, K. S. do. (orgs.). *Processos em Gestalt-terapia: casos clínicos, ensaios teóricos*. Ponta Grossa: Atena, 2021.

GUATTARI, F. *Caosmose: um novo paradigma estético*. São Paulo: Editora 34, 1992.

HOOKS, b. *Anseios: raça, gênero e políticas culturais*. Trad. Jamille Pinheiro. São Paulo: Elefante, 2019a.

_____. *E eu não sou uma mulher? Mulheres negras e feminismo*. Rio de Janeiro: Rosa dos Tempos, 2019b.

_____. *Olhares negros: raça e representação*. Trad. Stephanie Borges. São Paulo: Elefante, 2019c.

KILOMBA, G. *Memórias da plantação*. Rio de Janeiro: Cobogó, 2019.

KRENAK, A. *Futuro ancestral*. São Paulo: Companhia das Letras, 2023.

LUNA, L. "Um corpo no mundo". In: *Um corpo no mundo*. São Paulo: YB Music, 2017. 1 CD.

MBEMBE, A.; LISBOA, M. L. *Políticas da inimizade*. Lisboa: Antígona, 2017.

NÊGO BISPO. *A terra dá, a terra quer*. São Paulo: Ubu Editora, 2023.

PERLS, F.; HEFFERLINE, R.; GOODMAN, P. *Gestalt-terapia*. São Paulo: Summus, 1997.

PERLS, L. *Vivendo en los límites*. Trad. e rev. tec. Celedônio Castanedo. 3. ed. [*S. l.*]: Plaza y Valdés, 2004.

VEIGA, L. M. "Descolonizando a psicologia: notas para uma psicologia preta". *Fractal: Revista de Psicologia*, v. 31, n. esp., p. 244-248, dez. 2019.

3. Branquitude e clínica: elementos para pensar uma prática antirracista no âmbito da Gestalt-terapia[1]

Mônica B. Alvim

Como psicólogos e Gestalt-terapeutas, trabalhamos com o processo de produção de sentidos e subjetividades. Nossa perspectiva, centrada na noção de contato, implica pensar em uma existência que é sempre situada no mundo com o outro, conectados intersubjetivamente com essa rede de sentidos compartilhados que articula o campo do vivido.

Habitamos este mundo como corpos, em copresença com o outro, que também é um corpo movente e sentiente e comunga conosco semelhanças e diferenças, partilhando um fundo comum, um campo intersubjetivo e intercorporal. Todas as nossas experiências perceptivas são informadas intersubjetivamente por uma rede de sentidos, estruturas sócio-histórico-culturais que estão na base de nossas formas de sentir, falar e agir.

Relações de opressão e dominação estão apoiadas em estruturas como o racismo. Construídas historicamente, permanecem no fundo de nossas experiências, de modo inconsciente.

A psicologia brasileira foi construída com bases cientificistas, atrelada às epistemologias modernas eurocêntricas como forma específica de produção de conhecimento. De acordo com Bernardino-Costa,

1. Texto originalmente publicado como capítulo em Alvim *et. al*, 2022.

Maldonado-Torres e Grosfoguel (2020, p. 11), sendo o racismo um princípio constitutivo que organiza, a partir de dentro, todas as relações de dominação da modernidade, ele é "princípio organizador daqueles que podem formular um conhecimento científico legítimo e que não o podem". As questões étnico-raciais não estão presentes nos currículos de psicologia, criando uma falha na formação acadêmica que reflete o racismo estrutural e sua reprodução pelas instituições. A instituição universitária é produtora de saberes e de pressuposições científicas, compondo estruturas epistemológicas que agem igualmente reproduzindo o racismo e as relações de dominação e hierarquia na produção de conhecimento. Podemos falar de colonização epistêmica com José Jorge de Carvalho (2020) ou de privilégio epistêmico com Ramón Grosfoguel (2016).

A Gestalt-terapia não foge a isso. Tendo sido formulada por pensadores europeus e estadunidenses, na maioria homens brancos, tem caminhado muito pouco, ou quase nada, na direção de legitimar saberes localizados e que resgatem outras epistemologias, assim como na discussão de temas ligados a problemas estruturais, como o racismo. As formações recentemente vêm incluindo, ainda de forma tímida e localizada, módulos abordando relações raciais, relações de gênero e sexualidade, conforme recomendações da Associação Brasileira de Gestalt-terapia e Abordagem Gestáltica (ABG, 2021).

A história da Gestalt-terapia foi marcada por uma divisão, ocorrida no seu desenvolvimento, entre uma corrente que enfatizava o corpo e os sentidos e outra considerada mais intelectual, por assim dizer. Essa divisão, que acompanhou os extremos geográficos das costas oeste e leste dos Estados Unidos, acabou por instituir uma fronteira, representada por uma imagem metafórica inspirada na cultura estadunidense: cara-pálida e pele-vermelha. A imagem e os termos foram emprestados de uma discussão no campo da literatura do país (Rahv, 1939) e introduzidos com o intuito de criticar a divisão entre razão e sentidos, buscando afirmar uma integração do sujeito. Os termos foram consagrados na Gestalt-terapia como forma de narrativa da história de suas origens e passou a constituir um incômodo para mim quando iniciei os estudos e pesquisas sobre relações raciais. Vislumbrei nessas expressões um flagrante racismo, assumindo a cor da pele como o critério que institui a linha divisória. O termo "pele-vermelha" faz alusão aos indígenas, povos originários do território que viria a se tornar os Estados Unidos, e seu uso — assim como a adoção de imagens e símbolos da cultura indígena como representantes de times de futebol americano — tem sido alvo de críticas contundentes. Considerados estereótipos depreciativos, a crítica se baseia na história de violência contra os povos originários e vem resultando objetivamente na mudança de nomes. Por exemplo, o time de futebol americano que se chamava "Redskins" passou a ser denominado "Washington Commanders".

Considero necessária uma discussão crítica no âmbito da Gestalt-terapia que possa rever esses termos e atualizar-se epistemológica e conceitualmente para ganhar coerência com perspectivas antirracistas, refletindo na formação do psicólogo e em sua atuação clínica.

Em matéria publicada em 2020 na plataforma de notícias UOL, com o título "Após trauma na terapia, negros buscam psicólogos da mesma cor", muitas pessoas negras (pretas e pardas), ao se consultar com psicólogos brancos, relatam ter suas dores minimizadas ou desconsideradas, o que temos ouvido recorrentemente em conversas entre psicólogos, grupos de supervisão, redes sociais e sessões de terapia de clientes que buscam outro terapeuta mais sensível às questões envolvendo as relações raciais. O problema reside, geralmente, na desqualificação do sofrimento da pessoa negra quando submetida a situações de racismo, possivelmente devido a uma psicologização do problema, o que resulta em uma segunda violência ao atribuí-lo à pessoa, omitindo as questões estruturais da sociedade e o racismo institucional ou individual. O terapeuta pode também fazer generalizações para o outro baseado em suas experiências privilegiadas ou em estereótipos.

O problema não se limita ao âmbito da clínica, ocorrendo também em instituições, como escolas e organizações públicas e privadas. Cida Bento desenvolveu longamente o tema das relações raciais no âmbito do trabalho e nos mostra claramente as diferenças e desigualdades entre pessoas negras e brancas nos processos seletivos que dão acesso ao mercado de trabalho, processos nos quais os psicólogos estão envolvidos.

De acordo com dados do Conselho Federal de Psicologia, em pesquisa feita pelo Dieese em 2014, 16,5% dos(as) psicólogos(as) brasileiros(as) eram negros ou negras, o que indica uma predominância muito grande de pessoas brancas na profissão. Isso nos leva a afirmar que, no combate ao racismo na psicologia, o tema da branquitude precisa ser amplamente debatido.

Esse é um trabalho urgente, que deve envolver os currículos de graduação e pós-graduação, as instituições de ensino e formação e os órgãos representativos de psicólogos, como conselhos, sindicatos e associações. Para combater o racismo estrutural e transformar essa rede de sentidos compartilhada, é necessário um trabalho de letramento, envolvendo reflexão crítica que passa tanto por uma discussão teórica quanto por um trabalho de implicação pessoal que permita desvelar forças invisíveis presentes nos hábitos perceptivos, motores e linguageiros de cada um de nós.

Raça, racismo e branquitude: aspectos históricos

O problema da branquitude é de fundamental importância no campo das relações raciais. Urge que as pessoas brancas compreendam a branquitude e sua implicação no problema da racialização.

Historicamente, o branco foi situado no centro, como referência de normalidade. Sempre ocupou o lugar de universal, de produtor de hierarquizações que o coloca em lugar de superioridade e situa os não brancos em lugar de inferioridade. Tal processo teve como marco a colonização europeia e a fundação do capitalismo.

Tendo a noção de raça sido inventada como um divisor entre os europeus e os povos originários dos territórios invadidos durante o processo de colonização das Américas, foi instituída uma lógica racista, que criou uma hierarquia entre os brancos europeus, civilizados e superiores, e os não brancos (por eles denominados índios), primitivos e inferiores. Como discute Grosfoguel (2016), o debate ocorrido na Europa do século 16, após a "descoberta" da América, sobre se os ditos "índios" tinham ou não alma foi reproduzido no século 19 nos discursos científicos. Essa lógica foi o princípio organizador da divisão internacional do trabalho, base da acumulação capitalista que ganhou escala mundial. Ou seja, a formação de um sistema-mundo capitalista envolveu a estruturação do poder pelo colonialismo.

O racismo propaga a ideia de hierarquia como categoria mental da modernidade, naturalizando as relações sociais em padrões de dominação, pelos quais "raça e identidade racial foram estabelecidas como instrumento de classificação social básica da população" (Quijano, 2005, p. 117). A naturalização da tese da hierarquia de culturas e povos resulta no que estudos decoloniais latino-americanos denominam colonialidade — uma espécie de enraizamento da lógica colonial mesmo na ausência de colônias formais, envolvendo a exposição a lógicas e conflitos considerados extintos, mas que estão presentes nas estruturas sociais.

Desse modo, as relações intersubjetivas se articulam a partir de posições de domínio e subalternidade, pautadas na colonialidade do ser, do saber e do poder, que legitimam as diferenças sociais por meio de raças, alimentando e perpetuando as diferenças impostas como se fossem naturais. Mesmo estando cientes, na atualidade, de que inexistem determinações biológicas que sustentem o conceito de raça, ele segue presente em nossa estrutura social.

É nesse sentido que se afirma com frequência que o racismo é um conflito historicamente enraizado na sociedade, sendo reproduzido na política, na economia e nas relações sociais, o que o torna um fenômeno estrutural. De acordo com Silvio Almeida (2019, p. 31), "a raça é um elemento essencialmente político, utilizado para naturalizar desigualdades e legitimar a segregação e o genocídio". Ele define o racismo como "forma sistemática de discriminação que tem a raça como fundamento e que se manifesta por meio de práticas conscientes ou inconscientes que culminam em desvantagens ou privilégios para indivíduos, a depender do grupo racial ao qual pertencem" (*ibidem*, p. 32).

A branquitude

A branquitude tem sido definida pela maior parte dos pesquisadores brasileiros como a identidade racial do branco, sendo compreendida por Silva (2017) como um construto ideológico de poder que nasceu no contexto do projeto moderno de colonização europeia, como vimos discutindo. Assim, ela envolve o problema central da raça e da racialização como referências que legitimam posições hierárquicas de superioridade e privilégio, marcando o corpo não branco como inferior e racializado, como se o corpo branco representasse o parâmetro universal e normal, assumindo um lugar de neutralidade que o isenta de ser nomeado como raça, ou seja, um ser não racializado.

No Brasil, esse aspecto é agravado por uma negação da diferença e discriminação racial que afirma o mito da democracia racial como marca de nossa identidade. Guerreiro Ramos (1955) discute as origens desse mito em escritos sobre negros realizados por pesquisadores brasileiros da época, o que produziu o que ele denomina "patologia social do 'branco' brasileiro" — que implica a recusa de nomear-se negro e a identificação como branco, na busca de superioridade. Nas discussões do autor, encontramos elementos que alimentaram a "ideologia da brancura" e a não racialização do branco.

Franz Fanon, em 1952, segue nessa direção, dando ao livro que se tornaria uma referência no tema das relações raciais e do racismo o título *Pele negra, máscaras brancas* (2020). Esse título expressa a problemática da subjetividade e identidade do negro, que, colonizado e colocado num lugar abjeto, precisou fazer-se branco para ter sua humanidade reconhecida. Segundo o autor, o dilema do negro inserido em uma estrutura social que é a "verdadeira fonte conflitual" é "branquear-se ou desaparecer" (*ibidem*, p. 114).

Schucman (2014) caracteriza a branquitude como uma identidade social normativa, na qual o branco, considerando-se desracializado, atribui o problema do racismo aos não brancos. Podemos notar o lugar de privilégio refletido nessa (suposta) ausência de consciência do branco de sua identidade racial, desimplicando-o, de certo modo, do problema do racismo e de suas vantagens. Tema controverso e que muito nos interessa.

Miranda (2017) discute o fato de que a branquitude não enxerga os próprios privilégios raciais, destacando seu caráter controverso na literatura. Ele marca a diferença entre a não percepção de si como grupo racial e a não percepção de seus privilégios, aspectos que considera interligados, mas distintos. Identificar-se com o grupo racial branco implicaria o sujeito com a violência colonial, trazendo toda uma carga simbólica negativa associada ao colonizador. Por outro lado, há uma carga simbólica e material positiva associada ao fato de ser branco, caracterizando o que se discute como privilégio.

Bento (2022, p. 18) aborda o pacto narcísico como "um pacto de cumplicidade não verbalizado entre pessoas brancas que visa manter seus privilégios". Essa aliança entre brancos é oriunda de uma herança marcada por expropriação, violência e brutalidade. A autora considera que essa herança está inscrita na subjetividade coletiva sem que seja reconhecida publicamente. Assim, "o herdeiro branco se identifica com outros herdeiros brancos e se beneficia dessa herança, seja concreta, seja simbolicamente" (*ibidem*, p. 24).Nessa identificação, forma-se um pacto, um acordo tácito, um compromisso coletivo não verbalizado de manutenção do lugar de privilégio. "O pacto é uma aliança que expulsa, reprime, esconde aquilo que é intolerável para ser suportado e recordado pelo coletivo [...] suprime as recordações que trazem sofrimento e vergonha, porque são relacionadas à escravidão" (*ibidem*, p. 25).

A meritocracia tem sido utilizada pela branquitude como argumento para justificar a desigualdade. Bento (2022) discute o problema da branquitude no âmbito das instituições e argumenta que acordos não verbalizados acabam atendendo interesses grupais da maioria branca. No imaginário social, o mérito está atrelado ao esforço individual, desconsiderando os privilégios que esses indivíduos brancos tiveram ao longo da vida (educação, moradia, oportunidades de emprego etc.).

Miranda (2017) considera a invisibilidade uma questão de inconsciência da situação de privilégio, certa acomodação passiva e sem autocrítica perante os privilégios. A neutralidade, por sua vez, implicaria uma consciência dessa situação e um posicionamento sem autocrítica e ativo de dissimular e omitir seus privilégios com o objetivo de mantê-los. Ressaltamos que a ausência de autocrítica é fator crucial nessa discussão.

Quando propomos trazer essa discussão para o âmbito da Gestalt-terapia, entendemos que o terapeuta branco precisa tanto visibilizar sua branquitude quanto exercer uma autocrítica diante de seus privilégios para que seja capaz de ouvir a pessoa não branca e tentar compreender sua vivência. A neutralidade colocaria o terapeuta numa posição eticamente muito complicada, como abordaremos adiante.

Lourenço Cardoso (2010) distingue branquitude crítica e acrítica. A posição crítica caracteriza os brancos antirracistas, enquanto a acrítica faz referência aos brancos favoráveis às teses da superioridade racial. Ele opta por essa distinção feita no espaço público, associando a branquitude crítica aos brancos que publicamente se declaram antirracistas e a branquitude acrítica aos que são defensores de posições racistas. O autor justifica essa escolha pelo fato de considerar que seria muito difícil nas pesquisas acessar práticas disfarçadas e em geral restritas a espaços mais privados e íntimos, assim como pelo fato de ele ser um pesquisador negro, o que inibiria as pessoas de se manifestar diante dele de forma racista. A branquitude crítica vive sob o princípio moderno da igualdade "em tese": ama, convive, mas pode, em realidade, apenas suportar e tolerar (Cardoso, 2010).

A tese de Cardoso nos leva a pensar no espaço clínico e no lugar do terapeuta branco. Poderíamos imaginar esse espaço como aquele onde seria praticamente impensável assumir uma posição acrítica no sentido por ele apontado, sobretudo se o diálogo envolver um paciente negro. Entretanto, poderia facilmente assumir uma posição crítica ao racismo sem se implicar pessoalmente com uma autocrítica, o que caracterizaria a neutralidade apontada por Miranda (2017).

Schucman (2020) questiona se a invisibilidade seria real ou uma fantasia. A autora pensa na branquitude como fenômeno calcado em estruturas de poder que geram privilégios materiais e simbólicos. Ao discutir os privilégios simbólicos, ela sublinha que esses acontecem involuntariamente, sendo a branquitude um lugar racial da superioridade, e não necessariamente os sujeitos brancos individuais se sentem conscientemente superiores aos não brancos.

Nesse sentido, consideramos fundamental explorar a dimensão mais sutil dessa possibilidade crítica da branquitude, que é uma exigência para nosso trabalho clínico pautado na horizontalidade da relação e no encontro com a diferença, na alteridade e no reconhecimento como forma de cuidado.

Assim, a branquitude crítica implicaria um mergulho do terapeuta na dimensão mais invisível da estrutura social e nos atravessamentos dela em sua dimensão pessoal, o que exige um investimento tanto teórico quanto vivencial na sua formação, que deve ser contínua. Enfrentar as próprias contradições e ambiguidades é tarefa que implica abdicar de valor simbólico e romper com o pacto narcísico. Não basta assumir uma posição crítica antirracista, mas neutra e sem autocrítica. Enxergar-se como branco não garante perceber os próprios privilégios, é necessário um autoexercício crítico.

Racismo, branquitude e produção de subjetividades

A dimensão ideológica do racismo é, segundo Almeida (2019, p. 44), articulada em torno de visões falseadas da realidade que "moldam o inconsciente" e se refletem no racismo individual, criando sujeitos racializados. Como ele nos lembra, para que uma ideologia subsista, ela precisa estar ancorada em práticas sociais concretas. Essas práticas, disseminadas nos corpos e hábitos por meio de instituições, como família e escola, são constitutivas dos sujeitos e, portanto, produtoras de subjetividades, o que nos aproxima do campo da psicologia.

A Gestalt-terapia compreende o sujeito e a produção de subjetividades como um processo relacional, dado no mundo com o outro, a partir de um campo organismo/ambiente que inclui as estruturas sócio-históricas e ideológicas como forças que atuam na formação dos sujeitos.

A teoria do *self* da Gestalt-terapia descreve três funções — id, ego e personalidade — que funcionam como partes de um sistema integrado. A função personalidade confere ao sujeito um núcleo de identidade que reflete o que ele pensa ser, um conjunto de representações e identificações construídas ao longo da existência. Essa dimensão envolve hábitos motores impregnados de valores e normas sociais, que nos permitem pertencer a grupos sociais e culturais e expressam determinados valores de modo gestual e linguageiro. A função personalidade é expressa corporalmente e implica um esquema corporal com seus hábitos. Esses hábitos, adquiridos ao longo do processo de socialização, são informados pelas estruturas sociais disseminadas por instituições como família, escola e organizações, tendo caráter normativo.

Desse modo, pensamos a produção de subjetividades como um processo que implica um jogo de forças entre um sujeito no mundo com o outro em interação — sujeito esse dotado de uma dimensão mais estável e habitual que compõe uma identidade — e forças do mundo subjacentes. Essas forças incluem as estruturas sociais que são visíveis nos seus gestos, mas nem sempre são conscientes.

Com base na filosofia de Merleau-Ponty (2000), compreendemos essa dimensão de inconsciência como o sentido sedimentado de experiências voluntárias e involuntárias que articulam o campo, uma rede invisível de sentidos que nos conecta a todos em um fundo intersubjetivo. As estruturas sociais podem ser pensadas como redes que se armam sustentando esse fundo e informando modos de ver, sentir, agir e pensar na forma de hábitos.

A dimensão de invisibilidade da branquitude que vimos discutindo ao longo deste capítulo pode ser articulada com essa compreensão. Pensar nesses termos nos mostra que, mesmo conscientes de sua branquitude e críticos em relação ao racismo, terapeutas brancos podem, mediante um pacto narcísico, em um acordo tácito, confluir com estruturas racistas.

A confluência é um fenômeno descrito pela Gestalt-terapia como uma ausência de fronteira entre o sujeito e o mundo, em que há um estado de não consciência. Algo foi antes assimilado e esquecido, sendo agora uma dimensão habitual que permanece no fundo, dando sustentação aos novos contatos. De acordo com Perls, Hefferline e Goodman (1997), a confluência saudável é a que guarda a possibilidade potencial de ser contatada. Quando não saudável, ela interrompe o processo de contato — em outras palavras, o processo de formação figura-fundo ou de formação de *Gestalten*. Ela implica um apego a uma situação antiga, como afirma Robine (2006). Perls, Hefferline e Goodman (1997, p. 252) consideram áreas de confluência fundo de nossas experiências:

> [...] áreas imensas de confluência relativamente permanente são indispensáveis como fundo subjacente e inconsciente dos fundos conscientes da experiência. Estamos em confluência com tudo que de fundamental, não problemática ou irremediavelmente somos dependentes: onde não há nenhuma necessidade ou possibilidade de mudança.

> Uma criança está em confluência com sua família; um adulto, com sua comunidade [...].

Nesse ponto da discussão, os autores levantam uma questão muito apropriada para as nossas reflexões. Ao tomar consciência desses fundos que nos provêm com segurança, sentiremos muita ansiedade. Na neurose há um apego à inconsciência; procuramos obter satisfação nos apegando a um comportamento consumado, como se a novidade e a nova excitação fossem roubá-lo. Entretanto, não há satisfação real nessa situação, visto que ela é habitual, dando-nos apenas uma sensação de segurança. O que predomina é o medo de isso ser perdido, roubado, o que nos fixa em um controle ferrenho nas relações interpessoais.

Podemos, a partir daí, aproximar a confluência da noção de pacto narcísico da branquitude proposta por Cida Bento, pensando-a como um tipo de interrupção que mantém o sujeito branco apegado a uma situação de segurança produzida no mito da superioridade de sua raça. Considerando que não há nenhuma evidência que justifique a noção de raça, tampouco uma suposta superioridade, o apego pode ser considerado uma confluência neurótica, calcada no medo de ser roubado desse lugar de segurança.

Resgatando a noção de colonialidade, podemos pensar nesse ponto nas discussões trazidas por Nelson Maldonado-Torres (2020) em suas dez teses sobre colonialidade e descolonialidade. A primeira delas é: colonialismo, descolonização e conceitos relacionados provocam ansiedade. O autor argumenta que essas discussões questionam o senso de legitimidade do que está instituído pelo pensamento moderno em todos os níveis, o que gera desestabilidade, "perturba a tranquilidade e a segurança do sujeito-cidadão moderno e das instituições modernas" (*ibidem*, p. 33).

Um segundo aspecto gerador de ansiedade é o lugar do colonizado como questionador e potencial agente, o que difere da posição esperada dele como entidade sub-humana dócil. O chamado "giro decolonial" implica justamente esse questionamento. Há, segundo ele, fobia e terror quando o colonizado ocupa o lugar de agente. Ele justifica a colocação dessa tese como a primeira: "representa um *a priori* performativo em relação a todas as outras [...]". Ademais, recorre a Aimé Césaire para pensar nas formas evitativas dos brancos ("meus antepassados também foram colonizados", "meus pais eram pobres", "tenho um amigo negro", entre outros) como uma demonstração da atitude colonial decadente, "formas de uma decadência genocida e homicida" (Césaire *apud* Maldonado-Torres, 2020, p. 34). Ele cita o "jogo de gato e rato" nomeado por Fanon, que visa adiar a importância das discussões sobre colonialismo e descolonização, deslegitimando o colonizado em seu lugar de agente.

Assim, a atitude *a priori* na evitação da ansiedade, propõe Maldonado-Torres (idem), é de "evasão e má-fé". No mesmo sentido, afirma Bento (2022, p. 121): "A ausência de compromisso moral e o distanciamento psicológico em relação aos excluídos são características do pacto narcísico".

Quando a confluência é crônica, o sujeito não percebe o que o diferencia do outro e distorce a relação eu-não eu. Na relação com o outro, que, como eu, é um corpo e se mostra a mim como identidade e como diferença, vivemos a experiência da alteridade. Ao confluir com seu grupo identitário, branco, e com as estruturas racistas, é reproduzida uma forma de relação pautada nas relações de dominação, onde o outro é invisibilizado, apagado em suas formas singulares de ser e subjugado como inferior, falhado ou mesmo sub-humano.

Nossa comunidade de Gestalt-terapeutas é predominantemente branca e precisa se implicar com a sua branquitude, o que exige um esforço pessoal, um exercício ansiogênico e incômodo de revisão pessoal de nossos grandes e pequenos gestos e olhares para o outro a partir da posição dominante de corpos não marcados. Gestos e olhares que permanecem e permanecerão invisíveis para nós mesmos se não nos dispusermos a nos *re-ver*, reposicionar e verdadeiramente nos implicar como sujeitos que agem na reprodução dessas violências que vimos discutindo (Alvim, 2022).

Michelle Billies, Gestalt-terapeuta estadunidense, branca, lésbica e pesquisadora dos temas de relações raciais e de gênero, discute a confluência do terapeuta com sistemas sociais de opressão e privilégio, convidando-nos a um trabalho de *awareness* que nos mostre nossos privilégios que necessariamente geram opressões. Ela relata como seu processo de assumir a branquitude lhe pareceu similar a um processo psicoterápico gestáltico.

> Cresci ao reconhecer a relação direta entre o meu privilégio racial e a opressão dos outros; comecei a eliminar hábitos que adquirimos ao viver como pessoas brancas; passei a discernir com mais exatidão as minhas possibilidades, as dos outros e o que está ao redor de nós que contribui para e se opõe ao racismo; e agora eu ajo mais prontamente, com uma maior amplitude de ferramentas para lutar contra a injustiça racial. Em suma, eu venho trabalhando para me libertar da confluência com ideias e práticas sociais que incluem o racismo. (Billies, 2005, p. 71, tradução nossa)

Ela afirma que esse processo de conscientização é esforço para a vida toda, sempre limitado pela capacidade de *awareness*, que é limitada. Para ela, a Gestalt-terapia tem um antídoto para essa confluência, pois nosso trabalho clínico é com a liberação de hábitos que interrompem o contato; no entanto, as implicações da confluência da terapeuta e as formas como a Gestalt-terapia pode ser usada para desfazer essas interrupções são subestimadas na literatura e na prática da abordagem.

Ainda segundo Billies (2005), o terapeuta precisa saber de sua confluência com sistemas de privilégio, devendo dar passos para sair dela. Ao invés de focar no oprimido, ela propõe focar nos terapeutas que recebem privilégios sociais devido a marcadores identitários como raça, classe, gênero, capacidade e orientação sexual. A confluência inibe o contato, pois não deixa aparecer novidades, fazendo desaparecer o outro, o diferente. Terapeutas precisam ser capazes de trazer o que está inconsciente, no fundo, em razão da confluência, para o primeiro plano, o que significa, eu acrescento, tornar visível o invisível.

Os privilégios podem ser compreendidos como "uma mochila invisível e sem peso cheia de provisões especiais, mapas, passaportes, códigos, vistos, roupas ferramentas e cheques em branco" (Mc Intosh *apud* Billies, 2005, p. 74). A autora faz uma lista das suas provisões especiais como branca de classe média:

> Minhas credenciais e competência como clínica provavelmente não serão questionadas com base na minha raça ou classe. Em geral, a maioria dos estudos psicológicos que eu li incluirá pessoas de minha origem racial e de classe. Eu posso escolher não avaliar experiências de opressão de raça ou classe de clientes se eles não as identificarem como problema. Também posso optar por não explorar como o racismo e a pobreza podem estar afetando relações terapêuticas. A cultura dominante me estimula a pedir à minha cliente que me eduque sobre sua identidade étnica, em vez de eu me educar. A maioria de minhas mentoras profissionais e colegas se assemelha comigo. Meu grupo profissional predominantemente branco e com privilégio de classe pode escolher se aborda ou não o racismo estrutural e o privilégio de classe. (Billies, 2005, p. 78, tradução nossa)

Considerações finais

Para finalizar este pequeno percurso no tema da branquitude, gostaria de marcar a posição de que, no nosso trabalho como Gestalt-terapeutas, na clínica e em outros espaços, precisam ganhar foco as forças normativas que geram opressão e violência e estão na base de nossas formas de sentir, perceber, agir, constituindo um fundo invisível que, como propõe Merleau-Ponty, articula e sustenta o campo das visibilidades.

A visão foi um tema importante para o filósofo, que situa o corpo e a percepção no centro de suas discussões. A exploração do mundo se dá pelos sentidos, sendo a visão entrelaçada com os outros sentidos e com o movimento, enraizada no corpo. Entretanto, como discute Barbaras (2011, p. 62), o sentido da visão é peculiar, pois, diferentemente do tato, olfato e paladar, quando o corpo aparece como sensação envolvida diretamente no ato de perceber algo, na visão "não sinto meus olhos vendo [...] não tenho a impressão de ver pelo meu corpo [...] ausento-me de mim mesmo, esqueço-me em proveito de uma pura exterioridade". Nesse sentido, a experiência da visão é vivida como uma espécie de esquecimento de suas raízes subjetivas ou corpóreas em prol de certa crença na veracidade daquilo que vejo (idem). Essa discussão nos incita a refletir sobre a rede de estereótipos negativos atribuídos historicamente à pele negra, ao corpo negro, um corpo marcado em torno de uma falsa verdade. Fanon (2020) traz em suas discussões o problema do olhar branco sobre o negro, que o determina de fora, fixa-o. Yancy (2020) discute esse ponto, afirmando que esse olhar confisca o corpo negro, reduzindo-o a uma rede de estereótipos. De acordo com ele, o olhar branco tem uma força estrutural performativa e habituada e "pressupõe a maior acumulação histórica de material semiótico branco, poder institucional e hegemonia" (*ibidem*, p. 71).

Donna Haraway (2009) discute o problema do conhecimento e o lugar do pesquisador como aquele que, ao buscar conhecer, está implicado com seu olhar e sua visão. De acordo com ela, cada um é responsável pelo movimento que faz para olhar, sendo uma preocupação "a violência implícita em nossas práticas de visualização" (p. 25).

E termino com o convite para pensar em nosso olhar de Gestalt-terapeutas e nossos modos de ver. Sabemos que "o trabalho clínico lida com a tarefa de encontrar estruturas de sentido sedimentadas que — invisibilizadas e inconscientes — impregnam nossos modos de ver e sentir" (Alvim, 2020, p. 33), mas é necessário lembrar que tais estruturas estão impregnadas também do lado de cá, do nosso lado de terapeutas, e que, se não estivermos atentos para forças invisíveis presentes no mundo — e em nós —, incorreremos na reprodução de violências em nossas práticas de visualização e de escuta. Precisamos, antes de tudo, reaprender a *nos ver e nos implicar em nosso modo de ver e perceber o outro*, identificando nossos introjetos e nossas próprias confluências com as estruturas que compõem os sistemas de opressão.

No trecho a seguir, Cida Bento (2022, p. 125) sintetiza o chamado que fazemos à comunidade gestáltica:

> Giroux nos diz que brancos, em ações antirracistas, têm que aprender a conviver com o significado de sua branquitude, desaprender ideologias e histórias que os ensinaram a colocar o outro em um lugar onde os valores morais e éticos não estão em vigência. A destruição de um pacto narcísico não é só individual, mas tem sua âncora em ações coletivas estruturais envolvendo a responsabilidade social das organizações que precisam se posicionar diante de sua herança concreta e simbólica na história do país. Não podem se omitir dos créditos e das dívidas das gerações passadas, como da escravidão ou dos recorrentes períodos ditatoriais. Ao desnudar as relações de dominação, as pessoas podem se tornar mais autoconscientes daquilo que as torna preconceituosas, violentas, propensas a se identificar e apoiar líderes populistas, autoritários e antidemocráticos.

Ao descrever uma terceira onda dos estudos sobre branquitude, a autora cita as análises de Steve Garner, que concluem pela existência de um interesse em reforçar a identidade e supremacia brancas relacionado a uma onda nacionalista, "representada por figuras como Jair Bolsonaro e Donald Trump" (*ibidem*, p. 61). Ela nos adverte para uma relação atualmente relevante entre nacionalismo, masculinidade e branquitude, mas que tem sido pouco explorada. Essa associação pode ser relacionada com a discussão de Cardoso (2010) sobre branquitude acrítica e tornar no contexto hodierno mais visível e concreto esse movimento supremacista que pensávamos haver superado.

Ao propor essa perspectiva crítica, expressamos nosso engajamento na luta antirracista e na construção de espaços como este que propiciem aos Gestalt-terapeutas reflexões que contribuam com o avanço de nossa abordagem e com a construção de uma psicologia antirracista.

Referências

ALMEIDA, S. *Racismo estrutural*. São Paulo: Jandaíra, 2019.

ALVIM, M. B. "Arte e vida entre visibilidade e invisibilidade". *Arquivos Brasileiros de Psicologia*, v. 72, n. 1, p. 25-39, 2020. Disponível em: https://dx.doi.org/10.36482/1809-5267.ARBP2020v72i2p.25-39.

_____. "Elementos para pensar uma Gestalt-terapia (realmente) crítica e política". In: ALVIM, M. *et al.* (orgs.). *Por uma Gestalt-terapia crítica e política: relações raciais, gênero e diversidade sexual* [recurso eletrônico]. Porto Alegre: Editora Fi, 2022.

ASSOCIAÇÃO BRASILEIRA DE GESTALT-TERAPIA E ABORDAGEM GESTÁLTICA. *Recomendações para cursos de formação*. 2021. Disponível em: https://gestalt.com.br/formacao/. Acesso em: 23 maio 2025.

BARBARAS, R. *Investigações fenomenológicas: em direção a uma fenomenologia da vida*. Curitiba, Editora da UFPR, 2011.

BENTO, C. *O pacto da branquitude*. São Paulo: Companhia das Letras, 2022.

BERNARDINO-COSTA, J.; MALDONADO-TORRES, N.; GROSFOGUEL, R. *Decolonialidade e pensamento afrodiaspórico*. 2. ed. Belo Horizonte: Autêntica, 2019 (Coleção Cultura Negra e Identidades).

BERNARDO, N. "Após trauma na terapia, negros buscam psicólogos da mesma cor". *VivaBem*, 9 out. 2020. Disponível em: https://www.uol.com.br/vivabem/noticias/redacao/2020/10/09/apos-trauma-na-terapia-negros-buscam-psicologos-da-mesma-cor.htm#:~:text=Resumo%20da%20not%C3%ADcia&text=Teoricamente%2C%20levar%20a%20situa%C3%A7%C3%A3o%20para,-com%20a%20demiss%C3%A3o%20em%20si%22. Acesso em: 22 maio 2025.

BILLIES, M. "Therapist confluence with social systems of oppression and privilege". *International Gestalt Journal*, v. 28, n. 1, p. 71-92, 2005.

BRASIL. Conselho Federal de Psicologia. "Levantamento de informações sobre a inserção dos psicólogos no mercado de trabalho brasileiro". Relatório final elaborado pelo Dieese. 2016. Disponível em: http://site.cfp.org.br/wp-content/uploads/2016/08/Relat%C3%B3rio-final-Projeto-2-1.pdf. Acesso em: 4 jun. 2025.

CARDOSO, L. "Branquitude acrítica e crítica: a supremacia racial e o branco antirracista". *Revista Latinoamericana de Ciencias Sociales, Niñez y Juventud*, Manizales, v. 8, n. 1, p. 607-630, jan.-jun. 2010.

CARVALHO, J. J. "Encontro de saberes e descolonização: para uma refundação étnica, racial e epistêmica das universidades brasileiras". In: BERNARDINO-COSTA, J.; MALDONADO-TORRES, N.; GROSFOGUEL, R. *Decolonialidade e pensamento afrodiaspórico*. Belo Horizonte: Autêntica, 2020.

FANON, F. *Pele negra, máscaras brancas*. São Paulo: Ubu, 2020. [Trabalho original publicado em 1952].

GROSFOGUEL, R. "A estrutura do conhecimento nas universidades ocidentalizadas: racismo/sexismo epistêmico e os quatro genocídios/epistemicídios do longo século XVI". *Dossiê: Decolonialidade e Perspectiva Negra. Sociedade e Estado*, v. 31, n. 1, jan./abr. 2016. Disponível em: https://doi.org/10.1590/S0102-69922016000100003.

GUERREIRO RAMOS, A. "Patologia social do branco brasileiro". *Jornal do Comércio*, jan. 1955.

HARAWAY, D. "Saberes localizados: a questão da ciência para o feminismo e o privilégio da perspectiva parcial". *Cadernos Pagu*, Campinas, n. 5, p. 7-41, 2009. Disponível em: https://periodicos.sbu.unicamp.br/ojs/index.php/cadpagu/article/view/1773. Acesso em: 22 maio 2025.

MALDONADO-TORRES, N. "Analítica da colonialidade e da decolonialidade: algumas dimensões básicas". In: BERNARDINO-COSTA, J. ; MALDONADO-TORRES, Nelson; GROSFOGUEL, Ramón (orgs.). *Decolonialidade e pensamento afrodiaspórico*. 2. ed. Belo Horizonte: Autêntica, 2020 (Coleção Cultura Negra e Identidades).

MERLEAU-PONTY, M. *O visível e o invisível*. São Paulo: Perspectiva, 2000.

MIRANDA, J. H. A. "Branquitude invisível: pessoas brancas e a não percepção dos privilégios: verdade ou hipocrisia?" In: MÜLLER, T. M. P.; CARDOSO, L. (orgs.). *Branquitude: estudos sobre a identidade branca no Brasil.* São Paulo: Appris, 2017.

PERLS, F.; HEFFERLINE, R.; GOODMAN, P. *Gestalt-terapia.* São Paulo: Summus, 1997.

QUIJANO, A. "Colonialidade do poder, eurocentrismo e América Latina". In: LANDER, E. (org.). *A colonialidade do saber: eurocentrismo e ciências sociais. Perspectivas latino-americanas.* Buenos Aires: Clacso, 2005.

RAHV, P. "Paleface and Redskin". *The Kenyon Review*, v. 1, n. 3, p. 251-256, 1939. Disponível em: http://www.jstor.org/stable/4332082. Acesso em: 22 maio 2025.

ROBINE, J.-M. *O self desdobrado.* São Paulo: Summus, 2006.

SCHUCMAN, L. V. "Sim, nós somos racistas: estudo psicossocial da branquitude paulistana". *Psicologia & Sociedade*, São Paulo, v. 26, n. 1, p. 83-94, jan./jun. 2014. Disponível em: https://doi.org/10.1590/S0102-71822014000100010.

_____. *Entre o encardido, o branco e o branquíssimo: branquitude, hierarquia e poder na cidade de São Paulo.* São Paulo: Veneta, 2020.

SILVA, P. E. "O conceito de branquitude: reflexões para o campo de estudo". In: MÜLLER, T. M. P.; CARDOSO, Lourenço (orgs.). *Branquitude: estudos sobre a identidade branca no Brasil.* São Paulo: Appris, 2017. 1. ed. Kindle.

YANCY, G. "Confiscated bodies". In: WEISS, G.; MURPHY, A. V.; SALAMON, G. (orgs.). *50 concepts for a critical phenomenology.* Evanston: Northwestern University Press, 2020, p. 69-76.

4. Gênero e seus atravessamentos interseccionais

Samanta Santos da Fonseca

— Quando você olha pra mim, o que vê?
— Olho pra você da mesma forma que
eu olho para todas as pessoas.
— Não vejo diferenças, pra mim somos todos iguais!
— Se você não me vê como uma mulher negra,
então, você não me vê!

Esse diálogo foi vivenciado por mim — uma mulher negra, cisgênero, hétero, de origem periférica — e uma colega da psicologia — mulher branca, cisgênero, hétero, de classe média. Quando ouço que "somos todas iguais", particularmente não escuto mais nada dali em diante, e me pergunto: "Todas quem?"; "Iguais como?"; "Estamos falando do mesmo país?"

Para Azoilda L. Trindade (*apud* Silva, 2021), "a invisibilidade é a morte em vida", e, por vezes, tais posturas e afirmações baseadas em uma pretensa universalidade, assegurada por uma sociedade racista, cis-heteronormativa, capacitista e capitalista, têm o potencial devastador de arrancar o pulso de vida de uma pessoa quando não há validação e confirmação de sua existência.

Aqui, cabe preparar quem me lê para a escrita nas próximas linhas... Desde que me coloquei a pensar sobre este capítulo, venho tentando, como diz Gloria Anzaldúa (2000), "não deixar a tinta coagular na minha caneta", pois escrevo como quem não busca performar aos olhares, à técnica e aos moldes de letras eurocêntricas. Escrevo com a ginga da capoeira e como as mulheres escritoras do terceiro mundo, em uma criação que é feita, antes, no interior, nas vísceras e nos tecidos vivos. Um ato de escrita que confronta os próprios demônios e procura olhá-los de frente. Escrita perigosa — a qual Glória Anzaldúa chama de *escrita orgânica* — que revela medos, raivas, mas também a força de uma mulher sob opressão tripla ou quádrupla.

Posto isso, peço licença às minhas mais velhas, pois escrevo na esperança da reflexão crítica e da responsabilidade coletiva de uma comunidade gestáltica que construa uma psicologia diversa, cujos sentidos estarão voltados para o acolhimento ético-político de pessoas pertencentes a grupos histórica e socialmente marginalizados: pessoas pretas e pardas, LGBTQIAPN+, PcD, trans e travestis, não binárias, indígenas e quilombolas. Minha intenção repousa em não responder a perguntas, não tirar conclusões absolutas nem deixar uma receita fácil de um fazer interseccional. Aprendemos sobre um caminho caminhando nele, e meu convite a você é que possamos caminhar...

Pés aterrados no chão, o caminho vai começar...

De acordo com Glória Anzaldúa (2000), mulheres de cor não enfrentam os mesmos perigos que as mulheres brancas, embora tenham muito em comum. A lésbica de cor não é somente invisível, pois esta nem sequer existe perante a lente de uma sociedade cis-heteronormativa. Mulheres de cor são invisíveis no mundo dominado por homens brancos e no mundo feminista das mulheres brancas, embora, no que tange a este último, estejamos vendo mudanças graduais, inclusive ao compreender que existem feminismos, no plural.

Uma vez que sororidade não dá conta da negritude, Vilma Piedade (2017) inaugura o conceito de *dororidade*, que carrega em seu interior as dores em comum provocadas pelo machismo, bem como aquelas provocadas somente em mulheres pretas pelo racismo.

Conforme a música "Identidade", de Jorge Aragão (1992): "*Elevador é quase um templo / Exemplo pra minar teu sono / Sai desse com-*

promisso / Não vai no de serviço / Se o social tem dono, não vai". Certa vez, minha mãe, mulher negra e periférica, entrou no elevador para chegar até o meu apartamento e teve, por alguns segundos, a companhia de uma mulher branca. Eis que esta questiona minha mãe ("à queima-roupa") sobre o valor de sua faxina. Note: foi a primeira vez que elas se viram na vida. Essa mulher branca, dizendo ser advogada e residente do prédio, ao olhar minha mãe, rapidamente concluiu que ela estava ali para fazer faxina. Ainda que fosse o caso, minha mãe naquele momento só queria matar a saudade do neto. Embora o machismo afete ambas as mulheres dessa cena, o racismo deixa sua marca violenta em apenas uma. Isso é *dororidade*.

Na encruzilhada dessas categorias, há o cissexismo, que, conforme Neon Cunha e Sara York (2021), é um neologismo usado para condensar duas ideologias colonizadoras: a cisgeneridade, que opera como se fosse a norma, ou seja, o "padrão" a ser seguido na sociedade (norma governamental), e o sexismo, que atua na dominação, hierarquização e inclusão da diferença. Tais conceitos atuam de forma ampla e estrutural a fim de manter na exclusão pessoas que escapam à crença de que o gênero de pessoas cisgêneras é, supostamente, mais legítimo do que o de pessoas transgêneras.

Como mulheres trans/travesti e educadoras, Neon Cunha e Sara York (2021) apontam que, ao serem inseridas no *cis*mundo, foram criadas sob aspectos binários-trans-excludentes. Para romper com a subserviência do colonialismo cisgênero, foi necessário desaprender, reaprender e/ou inventar novos modos de ação para fugir da autodestruição, lugar esse destinado a muitas mulheres trans e travestis.

Durante a graduação em Psicologia, tive apenas uma disciplina *online* intitulada "Temas transversais", que abordou superficialmente os marcadores sociais que produzem sofrimento psíquico. O corpo docente era composto quase majoritariamente por pessoas brancas, na maioria do gênero feminino, cis-hétero. Esse cenário não foi diferente na especialização em Gestalt-terapia. Embora atualmente se notem mudanças discretas, trago esse relato para pensarmos quanto a psicologia brasileira ainda atua e evidencia como *figura* a produção de saberes e práticas europeias que refletem a cis-heteronormatividade. Afinal, a serviço do que está acolher determinadas narrativas em detrimento de outras? Angela Davis (2011) assevera:

> As organizações de esquerda têm argumentado dentro de uma visão marxista e ortodoxa que a classe é a coisa mais importante. Claro que classe é importante. É preciso compreender que classe informa a raça. Mas raça, também, informa a classe. E gênero informa a classe. Raça é a maneira como a classe é vivida. Da mesma forma que gênero é a maneira como a raça é vivida. A gente precisa refletir bastante para perceber as intersecções entre raça, classe e gênero, de forma a perceber que entre essas categorias existem relações que são mútuas e outras que são cruzadas. Ninguém pode assumir a primazia de uma categoria sobre as outras.

Na década de 1990, os estudos de psicologia sobre as relações étnico-raciais ganharam fôlego no Brasil com Jurandir F. Costa, Iray Carone, Cida Bento e Edith Piza, na medida em que tais autores e autoras provocaram mudanças nos olhares acadêmicos da psicologia social, direcionando-os das margens para o centro. Esse novo enfoque foi chamado de estudos sobre a branquitude (Santos, Lia Schucman e Martins, 2012).

Em consonância com essa nova perspectiva, emergiram estudos feministas que recolocaram a questão do gênero em outros parâmetros. Compreendendo gênero como um conceito relacional, passaram a investigar *o problema do homem*, retirando o foco problemático que recaía sobre a mulher. Nessa abordagem, as normas e práticas da heterossexualidade passaram a ser questionadas a fim de desmarginalizar a homossexualidade. O objetivo era denunciar o conteúdo dessas identidades, que até então não recebiam olhares analíticos.

Mudando a direção do olhar analítico das *margens* para o *centro* da comunidade gestáltica, o que encontraríamos? Quais posturas hegemônicas poderiam ser reconhecidas, denunciadas e desaprendidas?

A Gestalt-terapia considera o campo biopsicossocial, incluindo o organismo/ambiente, valendo-se de forma ativa de variáveis fisiológicas, sociológicas, cognitivas e motivacionais, de modo que nenhuma dimensão relevante é excluída (Yontef, 1998). O organismo/ambiente não é apenas físico, mas também social. Qualquer estudo deve observar o campo no qual interagem pelo menos os fatores socioculturais e físicos (Perls, Hefferline e Goodman, 1997).

Para Jorge Ponciano Ribeiro (2019, p. 48), o corpo físico e psíquico é nosso primeiro e mais importante campo, pois constitui nosso espaço de vida, sendo reflexo de nossa totalidade no viver. Nosso corpo reflete as energias que emanam desse campo, bem como é sujeito e objeto do contato — "*tudo começando e terminando nele*".

Kahuana Leite (2023, p. 149) aponta, em seu texto, o uso intencional do termo *corpas* não hegemônicas, a saber:

> [...] informo que o uso do termo *corpas não hegemônicas* nesta escrita faz referência a pessoas negras, indígenas, transexuais, travestis, não bináries, intersexo, bissexuais, lésbicas, *gays*, pessoas com deficiência, pessoas gordas e todes que não se encaixam na norma branca, cisgênero, heterossexual, sem deficiência e magra.

Assim, qual energia seu corpo hegemônico emana ao encontrar *corpas não hegemônicas*? No encontro clínico, o que as *corpas não hegemônicas* emanam de seus campos vivenciais? Que dimensões estruturais se apresentam no discurso/sofrimento de forma cruzada e/ou sobreposta de gênero, raça, classe, sexualidade, capacitismo e cis-heteronormatividade?

Atualmente, na escuta clínica entre gênero e dissidências à norma cisgênera, há profissionais do campo *psi* que subvertem os dispositivos de formação tradicionais, fazendo a transição de uma não escuta para novas enunciações (Jaqueline Jesus, 2021).

Perls, Hefferline e Goodman (1997) compreendem que destruir é parte da formação de novas *Gestalten* em um processo de ajustamentos criativos, visando que velhas estruturas se alterem de dessemelhante para semelhante. Logo, para que haja contatos em novas configurações, é importante que haja a destruição de hábitos antigos.

Meio caminho, aprecie a vista: intercâmbios e percepções

As práticas coloniais se iniciaram na história ocidental e no mundo a partir de 1492, com a invasão espanhola da América. Na Europa, a colonialidade foi compreendida com contornos de modernidade; o continente passou a se afirmar como um eu, identificando-se consigo mesmo em um movimento autocentrado (Cabral, 2023).

Com base em pesquisas nas cartas jesuítas, Geni Núñez (2023) avaliou o impacto da colonização desde as primeiras invasões, processo que deu início a um projeto de imposição de uma monocultura dos afetos — no sentido de afetação positiva ou não — que vigora até os dias de hoje. Tal projeto buscou incutir a moral cristã como a única possível, o que, inclusive, serve de potencial e alimento ideológico para mascarar a violência contra a mulher como se fosse apenas uma expressão machista.

De acordo com Vilma Piedade (2017), a representação social das mulheres na tradição ocidental passou a se dar pela visão judaico--cristã, segundo a qual elas foram feitas da costela de Adão, o que as teria transformado em "apêndice, mulheres função — propriedade. Propriedade do macho que mata as mulheres no cotidiano". Para Cida Bento (2016), o legado da escravidão para o sujeito branco lhe rendeu herança concreta e simbólica, fruto da apropriação do trabalho de outros grupos, bem como a negação da discussão desse assunto em virtude dos benefícios reais de se evitar caracterizar o lugar ocupado pelo branco na história do país.

Segundo a intelectual nigeriana Oyèrónké Oyěwùmí (2021), na cosmopercepção iorubá pré-colonial, a classificação social das pessoas não estava pautada no corpo, e sim na senioridade, com correspondência às idades cronológicas — contexto extremamente relacional e situacional, haja vista que ninguém está permanentemente em uma idade maior ou menor. Assim, ao contrário de uma visão de gênero marcada pela rigidez fixada no corpo e dicotomizada, a senioridade é compreendida apenas como parte dos relacionamentos. Na cosmovisão ocidental, com destaque para a colonialidade, o sentido mais valorizado é a visão, enquanto na cosmopercepção iorubá suas categorias revelam que o corpo nem sempre está à vista da categorização, pois se pauta na relação.

Jaqueline Jesus (2021), em referência a Judith Butler (2003), recorda que o sexo biológico não se sobrepõe ao gênero, pois ambos são construídos discursivamente. A noção de sexo é insuficiente para explicar a pluralidade de identidades de gênero — "a transpluralidade desafia a cisnorma".

No pensamento ocidental, da antiguidade até a contemporaneidade, o gênero tem sido uma categoria essencial sobre as quais bases sociais e ontologicamente conceituadas foram construídas. A lógica erguida baseou-se em explicações biológicas (destaque para o essencialismo) e sociais, ambas entrelaçadas e manifestando-se em discursos de gênero de dominância masculina, em que as diferenças biológicas femininas foram usadas para explicar desvantagens sociopolíticas da fêmea. Embora o percurso da história ocidental não tenha permanecido o mesmo, as categorias de "homem" e "mulher" continuaram hierárquicas e em oposição binária (Oyèrónkẹ́ Oyěwùmí, 2021).

Neon Cunha e Sara York (2021) apontam que "não se pensou em pessoas que estão além do binarismo". Um meio de enfrentamento necessário a essas violências é o uso da educação como estratégia eficaz na produção intelectual e veiculação de pessoas que divergem da cis-heteronorma ocidental, branca e hegemônica. Logo, a nomeação desses aspectos estruturais, com vistas a um fazer ético e amoroso na clínica, passa por encarar tais *fantasmas*, dando-lhe os nomes que, de fato, têm (Lívia Arrelias, 2023). Assim, o Brasil é um país racista e cis-sexista.

Sankofa: é preciso voltar...

Na África Ocidental, os povos Akan desenvolveram os *adinkras*, símbolos gráficos que demonstravam a cultura e os valores da comunidade. Um deles é o *sankofa*, representado por um pássaro com os pés firmes no chão e a cabeça voltada para trás, segurando um ovo no bico. O ovo simboliza o passado, anunciando que, embora o pássaro voe para a frente, para o futuro, jamais esquece o que passou. O surgimento desse símbolo se deve a um provérbio ganês: "Não é tabu voltar para trás e recuperar o que você esqueceu (perdeu)" (Portal Geledés, 2011).

Olhando para o passado, quando iniciei meus estudos em Gestalt-terapia, ouvi dizer que Perls morou alguns anos na África do Sul. Fiquei curiosa para saber o que esse peregrino com inclinação a questionar a ordem ideológica, econômica e política da sociedade teria observado das tensões raciais. Entre andanças, constatações e reconstruções, exponho aqui alguns pontos.

Na introdução do livro *Gestalt-terapia* (Perls, Hefferline e Goodman, 1997), Michael V. Miller explica que o embrião da abordagem resultou de um artigo escrito em meados da década de 1930, em que Perls concluiu que as chamadas "resistências" tinham origem oral, e não anal, como considerava a análise clássica de Freud. Tal feito marcou a gestação da Gestalt-terapia em um útero subversivo e de discordância, em virtude de sua reformulação da teoria e da prática psicanalíticas. As implicações desse achado culminaram na escrita do primeiro livro de Perls, *Ego, fome e agressão*, publicado em 1947 em Durban, na África do Sul — onde morou por 12 anos, fundou o Instituto de Psicanálise e se refugiou da perseguição nazista na Europa.

Na obra, Perls enfatiza que a agressão tem uma luz positiva e contribui para a preservação de um sentido de si próprio. A agressão impulsiona para o risco de impactar o mundo, experimentar a liberdade de ser criativo e produtivo. Como diz Miller, "para a Gestalt-terapia, a agressão é por natureza sadia e está a serviço da vida", até porque não é a agressão em si, mas a sua inibição da personalidade que produz impotência, explosões ou embotamento (Perls, Hefferline e Goodman, 1997).

Contudo, como verificou Fádua Helou (2015, p. 54), "é com certo estranhamento que se constata que na África do Sul Perls não se engajou em nenhum movimento político e artístico de maior significado, como fez na Europa". A autora pontua que ele chega ao continente africano com sua família como exilado e desenraizado, após um período angustiante de privação e perseguição nazista. Embora Perls possa não ter ignorado as marcantes desigualdades, inclusive relativas à discriminação racial, em sua autobiografia há apenas uma menção superficial a respeito das tensões ali vividas, parecendo um modo de vida alheio às disparidades localmente fincadas.

Fádua Helou (idem) continua: "Enquanto a Europa se desintegrava, Perls encontrou na África do Sul um refúgio excepcional. Ali, viveu um período de tranquilidade como até então não havia experimentado, usufruindo das benesses de um país com leis e condições favoráveis à população branca".

Cida Bento (2022) verificou que a história da sociedade e de suas instituições tende a invisibilizar a presença e a contribuição de pessoas negras, devido ao pacto da branquitude. Esse pacto é uma aliança, uma cumplicidade não verbalizada entre pessoas brancas que visa manter seus privilégios, que expulsa, reprime e esconde aquilo que é intolerável para ser suportado e recordado pelo coletivo. O pacto gera esquecimento e suprime as recordações que trazem sentimentos de vergonha e sofrimento, pois estes estão ligadas à escravidão.

De acordo com minhas pesquisas e trocas com Gestalt-terapeutas da velha guarda, em contexto brasileiro, o primeiro texto a se debruçar sobre as questões raciais na Gestalt-terapia, de longe, foi o trabalho de conclusão do querido colega Geneci Oliveira — que retornou ao Órun em 2023. Seu texto foi sobre o silêncio que desconfirma, violenta e exclui: "O silêncio de um povo e de suas instituições. O silêncio que se instaura ao desviar o olhar da figura, ao questionar sem refletir, ao ignorar o sofrimento humano" (Oliveira, 2008). Assim como Perls questionou a psicanálise outrora, Geneci — contrariando mais uma estatística — rejeitou o fruto da introjeção do mito da democracia racial e se lançou a investigar o silêncio que atravessava seu corpo negro.

Lívia Arrelias (2023), Phill Joyce e Charlotte Sills (2016) enfatizam a importância de os Gestalt-terapeutas reconhecerem, explorarem e assumirem seu lugar racial e a racialidade do campo como fundo que constitui e faz a manutenção do contato, bem como assumirem a responsabilidade pelo efeito que sua identidade racial tem no relacionamento terapêutico.

De acordo com Kahuana Leite (2023), as *corpas não hegemônicas* são afetadas com a produção e manutenção de diferentes formas de opressão e sofrimento a serviço de uma sociedade cis-heteronormativa. Nesse sentido, Jaqueline Jesus (2021) salienta que trabalhadores da saúde dominados pela naturalização da *cis*norma tendem a reproduzir situações desumanizadoras (por vezes, diminuídas para "desagradáveis"), configurando um cenário de reprodução de violência psicológica no campo da saúde mental.

Como parte das comemorações pelos (até então) 60 anos da regulamentação da psicologia no Brasil, o Conselho Federal de Psicologia organizou um censo inspirado no estudo publicado em 1988, denominado "Quem é a(o) psicóloga(o) brasileira(o)?", que culminou em mudanças necessárias no acesso ao saber da psicologia pela população (CFP, 2022).

Contudo, o Censo da Psicologia Brasileira (2022), o CensoPsi, é o primeiro levantamento de dados feito de forma 100% virtual que contém aspectos como orientação sexual, gênero, raça e deficiência. Trago, a seguir, alguns dados dos profissionais da psicologia, em nível nacional, declarados entre outubro de 2021 e março de 2022:

Gênero de identificação	79% gênero feminino 20% gênero masculino 1% pessoas não binárias
Identificação cis ou trans	99,7% cis 0,3% trans
Orientação sexual	84% heterossexuais 8% homossexuais 8% bissexuais 0,3% assexuais
Raça	64% branca 26% parda 8% preta 0,3% indígena 1% amarela
Deficiência	5% (visual: 42%; intelectual: 42%, auditiva: 18%, psicossocial/mental: 12%, física: 24%, neuroatípico ou neurodiverso: 17%)

A pesquisa, mostra, assim, que o perfil predominante do psicólogue brasileiro seria: mulher, cisgênero, hétero, branca e sem deficiência.

Phill Joyce e Charlotte Sills (2016) apontam que é de extrema importância reconhecer que a psicoterapia no século 20, inclusive a própria Gestalt-terapia, foi dominada em grande parte por profissionais brancos e de classe média. Em outras palavras, a psicologia no Brasil e na comunidade gestáltica tem inevitavelmente vieses e preconceitos que são reproduzidos no âmbito das relações e nas práticas diversas, regidos pela *cis*norma.

Audre Lorde (2021, p. 145) pontua: "Quando as mulheres brancas ignoram os privilégios inerentes à sua branquitude e definem mulher apenas de acordo com suas experiências, as mulheres de cor se tornam 'outras', *outsiders* cujas experiências e tradição são 'alheias' demais para serem compreendidas.

Em uma sociedade regida pelo poder patriarcal, cujo privilégio da pele branca é um dos principais pilares, os problemas e desafios das mulheres negras e brancas, definitivamente, não são os mesmos. Ignorar as diferenças de raça entre elas representa uma ameaça à mobilização de seu poder coletivo. Enquanto algumas mães brancas temem que seus filhos cresçam e se unam ao patriarcado, as mães negras temem que seus filhos sejam arrancados de um carro e alvejados (Audre Lorde, 2021).

Para Sueli Carneiro (2023), sendo o Brasil uma sociedade multirracial de passado escravocrata, é essencial compreender que as relações são mediadas por um *dispositivo de racialidade*, no qual o racismo emerge em diferentes campos da vida e do viver. Articula-se em poderes, saberes e modos de subjetivação e exclusão da população negra, ao passo que gera e mantém a hegemonia branca em espaços de poder. Assim, gênero e raça se articulam, produzindo efeitos específicos e devendo ser considerados em suas especificidades e de formas paralelas a outras violências estruturais.

Desse modo, olhar para as raízes gestálticas, semear o presente com a agressividade que confere criatividade é, talvez, a possibilidade de construir um futuro que valorize, assegure e fomente a alteridade. Em consonância com Angela Davis (2011), na luta por saúde física, mental, emocional e espiritual é preciso aprender a estabelecer a relação entre gênero, raça, classe e sexualidade.

Recursos na caminhada: a lente analítica da interseccionalidade

Até aqui, foi possível compreender (assim espero) que o olhar interseccional constituiu um fio condutor presente e atuante, sobretudo ao explicitar o cruzamento entre as noções de gênero, raça, classe e sexualidade.

De acordo com Carla Akotirene (2019), diferentes intelectuais negras e feminismos negros já apontavam para essa sensibilidade analítica frequentemente inobservada tanto pelo feminismo branco quanto pelo movimento antirracista, que mirava apenas homens negros. A pioneira nesse sentido foi Sojourner Truth, mulher negra nascida cativa nos Estados Unidos em 1797. Equilibrando-se nas ondas daquele tempo, também foi escritora e abolicionista. Em 1851, durante a Convenção dos Direitos das Mulheres de Ohio, contrapondo-se à categoria tida como mulher universal, ela questionou: "E eu não sou mulher?" Afinal, para algumas, a luta estava ligada à maternidade compulsória, enquanto para outras, como ela, implicava evitar que seus filhos fossem açoitados e vendidos como escravizados.

Porém, cabe ressaltar que foi a jurista estadunidense Kimberlé Crenshaw (2016) que cunhou teoricamente, em 1989, o termo "interseccionalidade". Kimberlé teve conhecimento, por meio de revistas jurídicas, de que Emma DeGraffenreid havia processado uma fábrica de carros por não a contratar, alegando racismo e machismo. O juiz indeferiu a queixa, alegando que a fábrica contratava afro-americanos. Contudo, ao investigar a fundo, Kimberlé verificou que os afro-americanos contratados eram todos do gênero masculino e trabalhavam exclusivamente na linha de produção, enquanto as mulheres contratadas eram todas brancas e atuavam em cargos de secretariado e recepção — o que já aponta para um viés racial importante. A jurista concluiu que, de fato, mulheres negras não podiam trabalhar nessa fábrica de carros, e que o tribunal, que tinha a responsabilidade de fazer justiça, reforçou a exclusão ao negar liminarmente o pedido de Emma. Raça e gênero estão sobrepostos e criam níveis múltiplos de injustiça social.

Para a jurista (2016), "todos nós sabemos que, se um problema não tem nome, não podemos ver o problema, e se não podemos ver um problema, muito menos o podemos resolver". Nesse sentido, a nomeação de uma experiência possibilita que ela seja analisada criticamente.

Assim, Carla Akotirene (2019, p. 14) reforça que

a interseccionalidade visa dar instrumentalidade teórico-metodológica à inseparabilidade estrutural do racismo, capitalismo e cis-heteropatriarcado — produtores de avenidas identitárias em que mulheres negras são repetidas vezes atingidas pelo cruzamento e sobreposição de gênero, raça e classe, modernos aparatos coloniais. Segundo Kimberlé Crenshaw, a interseccionalidade permite-nos enxergar a colisão das estruturas, a interação simultânea das avenidas identitárias, além do fracasso do feminismo em contemplar mulheres negras, já que reproduz o racismo. Igualmente o movimento negro falha pelo caráter machista, oferece ferramentas metodológicas reservadas às experiências apenas do homem negro.

Carla explica que interseccionalidade não é acumular múltiplas identidades, mas, antes de tudo, uma lente analítica sobre a interação estrutural em seus efeitos políticos e legais. Cabe à branquitude, nesse sentido, usar essa lente para desconstruir uma falsa vulnerabilidade, bem como explicitar o contexto em que a identidade branca produz e mantém privilégios concretos e simbólicos. Trata-se de compreender que o cis-heteropatriarcado, o capitalismo e o racismo coexistem e modelam experiências e subjetividades das primeiras invasões até os dias atuais.

O fim de um caminho também é o início de outro...

Audre Lorde (2021, p. 155) pontua: "Meu medo da raiva não me ensinou nada. O seu medo dessa raiva também não vai ensinar nada a você". Essa referência aponta para as vivências de mulheres brancas que dizem vestir o antirracismo porém, diante da *encruzilhada teórica* (como diz Akotirene, 2019), neutralizam suas ações, sucumbindo ao silêncio infértil nas relações e instituições, valendo-se da manutenção do pacto da branquitude. A autora enfatiza que as mulheres que reagem ao racismo reagem à raiva: a raiva da exclusão, da manutenção do privilégio, das distorções raciais, do silêncio... As mulheres têm um estoque inesgotável de raiva capaz de movimentá-las com energia e potência, de modo que é importante se despir do privilégio branco a fim de usar o estoque de raiva disponível para se movimentar em ações que sejam, de fato, contra o racismo, o cissexismo, o cis-heteropatriarcado, o capacitismo e o capitalismo que abatem, sobretudo, mulheres negras.

A raiz gestáltica é questionadora, agressiva, dirigida para a vida e subversiva. Sua função primordial é enxergar o outro: enxergá-lo como humano, em sua angústia, alteridade, diversidade e singularidade existencial (Lilian Frazão, 2017).

Com as palavras de Angela Davis (2011), despeço-me esperançosa: "Eu realmente penso que utopia é quando a gente se move em novas direções e visões. Utopia no sentido de que necessitamos de visões para nos inspirar e ir para a frente. Isso tem que ser global".

Seguimos caminhando...

Referências

AKOTIRENE, C. *Interseccionalidade*. São Paulo: Pólen, 2019.

ANZALDÚA, G. "Falando em línguas: uma carta para as mulheres escritoras do terceiro mundo". *Revista de Estudos Feministas,* Florianópolis, v. 8, n. 1, p. 229-236, 2000. Disponível em: https://doi.org/10.1590/%25x.

ARAGÃO, J. "Identidade". In: *Chorando estrelas*. [S. *l.*]: RGE, 1992. LP. Faixa 10.

ARRELIAS, L. "Radicalizar o encontro clínico: compromisso ético e político de uma Gestalt-terapia racializada". In: FRAZÃO, L.; FUKUMITSU, K. O. (orgs.). *Diversidade, violência, sofrimento e inclusão em Gestalt-terapia*. São Paulo: Summus, 2023 (Coleção Gestalt-terapia: fundamentos e práticas, v. 9.)

BENTO, C. "Branqueamento e branquitude no Brasil". In: CARONE, I.; BENTO, C. (orgs.). *Psicologia social do racismo: estudos sobre branquitude e branqueamento no Brasil*. Petrópolis: Vozes, 2016.

_____. *O pacto da branquitude*. São Paulo: Companhia das Letras, 2022.

CABRAL, A. M. "Pensamento decolonial e fenomenologia da alteridade: um diálogo com Martin Buber, Emmanuel Lévinas e Hannah Arendt". In: FURTADO,

M. (org.). *Filosofia e Gestalt-terapia: fundamentos para um fazer clínico crítico*. Rio de Janeiro: Via Verita, 2023.

Carneiro, S. *Dispositivo de racialidade: a construção do outro como não ser como fundamento do ser*. Rio de Janeiro: Zahar, 2023.

Conselho Federal de Psicologia. *CensoPsi 2022*. Brasília: Conselho Federal de Psicologia, 2022. Disponível em: https://site.cfp.org.br/censopsi-2022-cfp-divulga-os-resultados-da-maior-pesquisa-sobre-o-exercicio-profissional-da-psicologia-brasileira/. Acesso em: 25 out. 2024.

Crenshaw, K. *A urgência da interseccionalidade*. *TED Talk*, 2016. Disponível em: https://youtu.be/akOe5-UsQ2o?si=tEKV3yWkW_n3jEi3. Acesso em: 26 maio 2025.

Cunha, N.; York, S. "O corpo trans-migrante e o vácuo cis". In: Neon, C. *et al*. (orgs.). *O enfrentamento dos efeitos do racismo, cissexismo e transfobia na saúde mental*. São Paulo: Dandara: Instituto Amma Psique e Negritude, 2021.

Davis, A. "As mulheres negras na construção de uma nova utopia". *Portal Geledés — Instituto da Mulher Negra*, 2011. Disponível em: https://www.geledes.org.br/as-mulheres-negras-na-construcao-de-uma-nova-utopia-angela-davis/. Acesso em 26 maio 2025.

Frazão, L. M. (org.). *Questões do humano na contemporaneidade: olhares gestálticos*. São Paulo: Summus, 2017.

Geledés Instituto da Mulher Negra. "Sankofa e as políticas de ações afirmativas: olhar o passado para construir o futuro". *Geledés Instituto da Mulher Negra*, 2011. Disponível em: https://www.geledes.org.br/sankofa-e-as-politicas-de-acoes-afirmativas-olhar-o-passado-para-construir-o-futuro/. Acesso em: 26 maio 2025.

Helou, F. *Frederick Perls, vida e obra: em busca da Gestalt-terapia*. São Paulo: Summus, 2015.

Jesus, J. G. "Saúde mental da população trans: apontar a cisnormatividade para interseccionalizar os corpos". In: Neon, C. *et al*. (orgs.). *O enfrentamento dos efeitos do racismo, cissexismo e transfobia na saúde mental*. São Paulo: Dandara: Instituto Amma Psique e Negritude, 2021.

Joyce, P.; Sills, C. *Técnicas em Gestalt: aconselhamento e psicoterapia*. Petrópolis: Vozes, 2016.

LEITE, K. "Sustentar o conflito: notas sobre a clínica gestáltica e as normatividades no campo". In: FRAZÃO, L.; FUKUMITSU, K. O. (orgs.). *Diversidade, violência, sofrimento e inclusão em Gestalt-terapia*. São Paulo: Summus, 2023. (Coleção Gestalt-terapia: fundamentos e práticas, v. 9.)

LORDE, A. *Irmã outsider*. Belo Horizonte: Autêntica, 2021.

NÚÑEZ, G. *Descolonizando afetos: experimentações sobre outras formas de amar*. São Paulo: Planeta, 2023.

OLIVEIRA, G. *Relações raciais e a Gestalt-terapia: contraste no olhar*. Trabalho de conclusão de curso (Gestalt-terapia) — Instituto Gestalt de São Paulo, São Paulo, 2008.

OYĚWÙMÍ, O. *A invenção das mulheres: construindo um sentido africano para os discursos ocidentais de gênero*. Rio de Janeiro: Bazar do Tempo, 2021.

PERLS, F.; HEFFERLINE, R.; GOODMAN, P. *Gestalt-terapia*. São Paulo: Summus, 1997.

PIEDADE, Vilma. *Dororidade*. São Paulo: Nós, 2017.

RIBEIRO, J. P. *O ciclo do contato: temas básicos na abordagem gestáltica*. 8. ed. São Paulo: Summus, 2019.

SANTOS, A. O.; SCHUCMAN, L. V.; MARTINS, H. V. "Breve histórico do pensamento psicológico brasileiro sobre relações étnico-raciais". *Psicologia: Ciência e Profissão*, Brasília, v. 32, n. esp., p. 166-175, 2012. Disponível em: https://doi.org/10.1590/S1414-98932012000500012.

SILVA, G. R. *Azoilda Loretto da Trindade: o baobá dos valores civilizatórios afro-brasileiros*. Rio de Janeiro: Metanoia, 2021.

YONTEF, G. M. *Processo, diálogo, awareness*. São Paulo: Summus, 1998.

5. Gestalt-terapia e epistemologias contranormativas: o diálogo entre Perls, Hefferline e Goodman e teóriques LGBTQIAPN+ é possível?

Paulo Barros
Tatiana Campbell

Gostaríamos de iniciar este capítulo nivelando um conhecimento básico para a construção do pensamento aqui exposto: contemporaneidade não é sinônimo de modernidade. Não é nosso objetivo ampliar os conceitos acerca de fenomenologia e temporalidade, porém é preciso deixar claro que a contemporaneidade é uma exigência de atualidade, uma necessidade de acompanhar o ritmo do mundo para ser-corpo. Segundo Agamben (2009), o contemporâneo não requer que concordemos com o objeto atual, mas é imprescindível reconhecê-lo, pois se torna, indiscutivelmente, um fato do campo. Não coincide com o tempo cronológico, transforma-o e ultrapassa-o: é urgente. Pode se torcer para trás, em uma memória histórica, reencontrando a si mesme pelos desvios do caminho. Diz o autor: "Se é o contemporâneo quem fraturou as vértebras do seu tempo (ou ainda, quem percebeu a falha ou o ponto de quebra), ele faz dessa fratura o lugar de um compromisso e de um encontro entre tempos e gerações" (p. 71).

Seguindo essa ideia de contemporaneidade, que não é linear, mas presentificada em um espaço-tempo com elementos históricos que confluem, propomos duas reflexões: 1) de que ou de quem somos contemporâneos?; 2) é possível que a literatura gestáltica de 1951, escrita por Perls, Hefferline e Goodman, que funda a abordagem, seja contemporânea de obras modernas com foco contracolonial em sexo-gênero?

Ao longo de toda a obra de Perls, Hefferline e Goodman (1997), aborda-se a importância de marcar as instituições sociais como base para o ajustamento neurótico, bem como as transgressões como base para o ajustamento criador. A Gestalt-terapia não se alinha, portanto, a teorias essencialistas que concebem a existência de uma natureza humana pré-discursiva. Assim, podemos articulá-la com outras epistemologias também contemporâneas, a fim de enriquecer as discussões e os questionamentos a respeito das construções identitárias que compõem nossos corpos.

O engendramento da linguagem e dos símbolos que justificam comportamentos e saberes (método bastante presente em teorias positivistas e estruturalistas) produz significados que permeiam nossos discursos e nos oferecem uma roupagem invariante: gênero e sexualidade seriam dimensões inquestionáveis — todes nascemos com. Se tudo está dado, que significados são produzidos sobre as existências dissidentes dentro desse modelo linguístico e fabricante de psicodiagnósticos?

O enquadre visa enjaular a criação de outras categorias de existência, produzindo violências. A Gestalt-terapia vai, desde as suas bases, de encontro a essas verdades, convidando terapeutas a se perceberem também como corpo normativo e a localizarem seus desejos alienados. Em uma perspectiva relacional, *awareness* e criação não são possíveis sem reverberar nas cristalizações neuróticas do terapeuta. Permitimos chacoalhar nossa rigidez para estarmos nus junte de outre?

O que é costumeiro costuma sumir em um corpo entorpecido: psicólogues anestesiades de sua racialização e generificação transformam-se em zumbis que buscam a possibilidade de a pessoa atendida ser exatamente aquilo que se projeta nela.

Logo, nossa atenção aqui não recairá somente sobre as pessoas LGBTQIAPN+, corpos que por muito tempo foram (e continuam sendo) percebidos como marginais, errantes, pecadores, sujos; nos direcionaremos também àqueles e àquelas que por muito tempo contribuíram e continuam contribuindo para a propagação da violência contra existências que não sejam cópias da norma cis-hétero-cristã.

Preciado (2018) concebe o corpo como escritura da cis-heteronorma, apresentando códigos tecnológicos e farmacopornográficos[1] inscritos no tempo e no espaço que conferem uma fixidez de sexualidade e gênero entendida socialmente como "natural". Assim, para além de *performances* que nos adornam, o ser-corpo é uma construção organicamente e "naturalmente" social. Em uma estratégia colonial, a cisnorma se sustenta e domina a experiência por meio da heteronorma: o gênero fabrica corpos sexuais. O corpo que não se reescreve é submetido a processos de readequação. Observamos como as estruturas sociais articulam-se em um jogo de poder e submissão que mantém nossos corpos alienados (Robine, 2006) e, portanto, inflexíveis ao processo criativo (sistema *self*) que renova significados obsoletos.

Qual é o limite de adaptação neurótica que o desejo precisa alcançar para ser aceito socialmente? Para caminharmos nesse sentido, prosseguiremos com a ampliação do entendimento sobre aspectos constitutivos de gênero e sexualidade no corpo, apresentando bases epistemológicas críticas que abordem a cis-heteronorma como estrutura colonial. O processo dessa exposição implica a articulação entre a construção de identidades com teoria do *self* e ajustamentos neuróticos e criadores, partindo da base gestáltica de 1951 (de agora em

1. Termo cunhado por Preciado (2018) em associação a outros dois termos apresentados por ele: farmacopoder e pornopoder. O primeiro significa a produção de subjetividades facilitada pelo consumo de moléculas sintéticas comercializáveis; o segundo, complementar ao primeiro, compreende a produção de desejo segundo referências audiovisuais e padrões culturais. Ambas as tecnologias sociais estariam a serviço da excitação rápida para a ampliação acelerada e ininterrupta do consumo.

diante, referenciaremos a obra como "PHG", abreviatura que compreende as iniciais de cada autor).

Sistema *self*: espontaneidade ameaçada

Nós, assujeitados em uma sociedade ocidentalizada e colonizada por padrões branco-hegemônicos europeus e estadunidenses, aprendemos, ao longo dos séculos, a entender a norma inscrita compulsoriamente em nossos corpos como algo orgânico, natural, e, portanto, inquestionável.

> Ao admitir a existência de uma divisão "natural" entre homens e mulheres, nós naturalizamos a história, presumimos que homem e mulher sempre existiram e sempre existirão. Mas não é só a história que naturalizamos: consequentemente, naturalizamos também os fenômenos sociais que expressam nossa opressão, tornando nossa mudança impossível. (Monique Wittig, 2022, p. 44)

A autora se refere aos diagnósticos que se tornariam destino de todo corpo humano ao nascer: o gênero e a sexualidade — já que, conforme a compulsoriedade da norma, não existe gênero dissociado da heterossexualidade. Na lógica binária, existe um polo superior, desejado como fim, com limites marcados em negrito e uma coerência rígida; e outro polo, localizado à sombra do primeiro, não só subordinado e inferior, mas também significado como abjeto, punível, aniquilável. Essa régua é expandida para outras categorias além do gênero: sexualidade, raça e classe, e suas intersecções também coabitam a linha das opressões polarizadas.

Os fenômenos que acreditamos representar um universo de significados referentes ao gênero atribuído ao nosso corpo, na verdade, são cristalizações da norma, um subproduto político dos níveis de hormônios "reprodutivos" ou "sexuais" (Preciado, 2018). O mito místico contido no conceito de feminilidade, bem como a agressividade que marca a masculinidade, são exemplos de universalizações rebuscadas e cuidadosamente elaboradas para servir à dominação de corpos e, consequentemente, evitar a todo custo que nos convertamos em algo abjeto que beire a margem do mundo. Aprendemos desde a infância a demonizar e alienar nossos desejos e, em contrapartida, a "transformar a própria ideologia que nos escravizou em uma celebração dinâmica, religiosa e psicologicamente sedutora do potencial biológico" (Monique Wittig, 2022, p. 46).

O exposto só é possível por conta de um pânico moral difundido há muito pela norma. Quando falamos sobre gênero, Judith Butler (2024) afirma que este tem sido utilizado por frentes conservadoras para propagar medo e horror. Elu expõe que, na Rússia (e agora nos Estados Unidos), o gênero tem sido tratado como ameaça à segurança nacional; no Vaticano, como uma ameaça à civilização. E, em alguns setores evangélicos, como uma pauta política que busca destruir a família tradicional e que proíbe qualquer referência a "pai" e "mãe", na tentativa de construir um futuro sem gênero. Ou seja, questionar as estruturas normativas de sexo-gênero seria o mesmo que abrir uma caixa de pandora, da qual se propagaria pela terra "uma enxurrada de perversidades sexuais, incluindo zoofilia e pedofilia" (Judith Butler, 2024, p. 10).

O gênero, portanto, tem sido apresentado por esses setores conservadores como negação da natureza, atentado à masculinidade e feminilidade, obra do demônio, força destrutiva do mundo e de Deus, devendo ser combatido com unhas e dentes. Por vezes, o medo do gênero chega a ser até maior do que o de desastres climáticos, guerras, migração forçada e racismo sistêmico (Judith Butler, 2024). Gênero e sexualidade são utilizados como esponjas, absorvendo medos e tornando-se fantasmas, o que dificulta percebermos o que de fato precisaria ser temido e destruído. E o que acontece quando o pânico aumenta? "Dá-se carta branca ao Estado para negar a vida daquelas pessoas que passaram a representar, por meio da sintaxe do fantasma, uma ameaça à nação" (Judith Butler, 2024, p. 13).

O ato de introjetar esses valores hegemônicos, incorporados por meio da afirmação ou do silenciamento, impede a autopercepção e a construção performática do gênero e do desejo. Viviane Vergueiro (2016) explica que a cisnorma se reflete em três traços ideológicos, que funcionam como eixos para a alienação do sexo-gênero: 1) pré-discursividade: o gênero é sempre anterior ao corpo, e justificado pela associação do gênero a protocolos médicos (enquadre de corpos em significados diagnósticos); 2) binariedade: há apenas dois polos possíveis de gênero, sendo impossível o entendimento da identidade de gênero como um campo diverso e criativo; 3) permanência: tais polos são inquestionáveis e a mobilidade para o outro polo não é permitida. A essa altura, já se torna possível alinhar os conceitos acerca do sistema sexo-gênero com os processos da teoria do *self* de contatos, proposta por PHG.

O sistema *self* é apresentado como "a força que forma a Gestalt no campo" (PHG, 1997, p. 180), tendo a espontaneidade da movimentação figura/fundo como principal propriedade do processo de contato na fronteira organismo/ambiente. Nesse ritmo, o organismo reconhece um "conhecido imutável" (*ibidem*, p. 181), que, dependendo da intenção do contato, pode se transformar em possibilidades ou ser alienado, mantendo a regulação neurótica. O sistema integra as funções id (excitamento), ego (identificação ou alienação) e personalidade (conteúdos assimilados) para o processo de contato e a alternância entre figura e fundo, sendo id e personalidade os representantes do fundo que se movimenta para a figura emergir na relação imbricada no campo.

O pertencimento e uma massificação afirmativa de si marcam a função personalidade: ela funciona como um sistema de significados construídos na assimilação do pós-contato, que serve ao entendimento do senso de pessoa no mundo e de narrativas construtivas de existências. "Quando o comportamento interpessoal é neurótico, a personalidade consiste em alguns conceitos errôneos a respeito de nós próprios, introjetos, ideais de ego, máscaras etc." (PHG, 1997, p. 187).

Assim, podemos considerar que apresentamos um ideal normativo na base da personalidade, que tem o potencial de se dissolver em possibilidades, dependendo de sua mobilização com a função id como base para o contato.

Os excitamentos sobre os quais nada sabemos, que não têm objetivo, descrição e sentido: a função id. Como componente do fundo, aparece como uma manifestação energética afetiva que é evocada a partir da mobilização de hábitos inibitórios. Em conjunto com a função personalidade, promove uma agitação na fronteira de contato, que se impõe à medida que o organismo seleciona um interesse que vá de encontro ao estabelecido pelo fundo de hábitos, afetos e significados. Parece um embate entre a manutenção do corpo habitual e a necessidade de redução de identidade, apresentada pelo campo. Chamamos esse acontecimento de conflito: ainda sem sentido definido pela linguagem e limitado pela função ego.

Na função ego, "limitações deliberadas são impostas no funcionamento total do *self*, e a identificação e a alienação prosseguem de acordo com seus limites" (PHG, 1997, p. 184). Assim, o organismo autoconsciente de seus suportes delibera, de modo ativo, se o conflito será satisfeito e criará uma realidade assimilada ou se a energia mobilizadora voltará para o fundo, alienando o contato.

É possível, agora, iniciarmos o traçado de um paralelo entre os conteúdos introjetados desde a infância sobre gênero e sexualidade e o sistema *self*: como o que é introjetado ou assimilado na experiência (afetos e conteúdos) serve de base para as atitudes vindouras, podemos dizer que a repressão dos desejos e interesses embota o corpo para a criação de novas possibilidades? Na confluência com a norma não há desejo nem agressão, há obediência. Testar resistências vira um árduo exercício de sensibilização, colocando em risco velhas formas, cujos sinais de descarte nem sempre são percebidos. A relação com a norma é sempre dependente, e sua perda não ocorre sem medo do isolamento e do abandono: "Quanto maior for a dificuldade de confrontar a novidade, maior será o fundo mobilizado" (Robine, 2006, p. 103). A angústia vivenciada no processo de contato com a construção identitária envia notícias de uma confluência com a cisnormatividade que está ameaçada.

Expusemos anteriormente os três eixos da cisnormatividade elaborados por Viviane Vergueiro (2016), que parecem se alinhar coerentemente como o que PHG postularam como dimensões de formação da função personalidade. Para auxiliar na reflexão, recorreremos à descrição das três dimensões que formam a função personalidade. A primeira fornece um ponto de partida, representado pela necessidade de agrupamento apresentada em organismos vivos: a *lealdade*, que se alinha com o conceito de binariedade proposto por Viviane. A lealdade é descrita por PHG (1997) como a identificação com um grupo, sendo fonte de força para uma ação habitual (adaptação a um conteúdo seguro), mesmo que esse grupo já não atenda aos movimentos do corpo: a neurose pede coerência, mesmo que o conteúdo ao qual somos leais não nos atenda no presente.

A segunda dimensão é a *moralidade*, entendida pelos autores como uma "escolha permanente", inquestionável, apresentando similaridade com o conceito de permanência em Viviane Vergueiro. De tal modo, "geralmente a técnica do grupo é menos flexível do que a do indivíduo, e é provável que haja um certo conflito entre essas premissas de ação" (PHG, 1997, p. 228). Aqui, consideramos que o organismo, para se amplificar em uma regulação com menos sofrimento, tem duas saídas possíveis: mudar o mundo e suas técnicas ou "desistir de sua lealdade" (idem). Porém, em uma perspectiva social de violência a corpos não instituídos por meio de alguma tecnologia de captura, levantamos aqui a ideia de que as duas saídas precisam coabitar a ação a partir do conflito, como forma de ajustar sobrevivência. O grupo é modificado ou criam-se grupos, e o corpo também desiste da "prudência cristalizada" (idem) da lealdade obsoleta, ao mesmo tempo que constrói uma lealdade ao grupo que oferece melhor encaixe ao organismo.

Ampliamos a ideia de pertencimento e/ou confluência em um grupo com o conceito de colonialidade proposto por Maria Lugones (2020): a norma colonial não diz respeito a identidades isoladas e independentes, mas à construção de um contexto em que se costuram padrões eurocêntricos baseados no capital, na raça, na sexualidade e no gênero, bem como nos polos de dominação e subjetivação. Assim, os corpos não apenas são construídos numa matriz sexo-gênero normativa, mas também entrelaçam esses padrões nas matrizes de raça e classe, entre outras. Uma mulher cis branca, por exemplo, pode construir um lugar social tanto de dominação (em relação a mulheres negras, e/ou trans, e mais) quanto de submissão (em relação a homens cis brancos). Diz Maria Lugones (2020, p. 56): "A invenção da raça é uma guinada profunda, um giro, já que reorganiza as relações de superioridade e inferioridade estabelecidas por meio da dominação. A humanidade e as relações humanas são reconhecidas por uma ficção em termos biológicos".

A criação de cada vez mais letras na comunidade LGBTQIAPN+, bem como a fundamentação de novos coletivos dentro desse guarda-chuva, refletem a necessidade de reagrupamento e resolução de conflitos que corpos que sofrem violência precisam ajustar a todo momento em exposição a contextos violadores de identidade. A formação de um novo grupo não é apenas um agrupamento de pessoas em novas técnicas e valores, mas a nomeação e apropriação de elementos identitários presentes em uma formação de coletivo.

Ou seja, para operarmos a contínua desistência e criação de lealdades, o organismo precisa quebrar esse processo em etapas de destruição e assimilação de vários elementos que compõem os novos coletivos: nomeações, criação de novos pronomes, sentido de aliança, processo de racialização, ocupação de um novo lugar substancialmente descritivo para narrar a si etc. Todo esse conjunto de necessidades adaptativas e criação de inúmeros lugares subjetivos pode ser o que, usualmente, chamamos de luta social.

No conflito entre estímulos do ambiente e as moralidades às quais somos leais, o resultado pode ser não a criação de novos mundos e existências, mas uma atualização neurótica que projeta no outro o seu próprio problema. A violência, nesse caso, seria uma das reações à tentativa de mobilização de moralidades, que enfraquece a personalidade e aniquila outros corpos na tentativa de manter uma integridade de si. "De fato, a personalidade fraca que se autoconquista vive a maior parte de sua realidade na projeção de bodes expiatórios, que lhe permitem colocar para fora alguma agressão e sentir alguma coisa" (PHG, 1997, p. 229). Portanto, podemos considerar que o "sentir" nem sempre é conectado a um movimento criativo: pode também corresponder a uma resposta reacionária à mudança.

A terceira dimensão formativa de personalidade são as *atitudes retóricas*, descritas por PHG (1997, p. 229) como a tentativa de "manipular relacionamentos interpessoais". É um recurso que permite que os conteúdos sejam transformados em discursos autonarrativos, o que nos lembra o conceito de pré-discursividade em Viviane Vergueiro. Para resguardar o que o sujeito conhece sobre si, a tendência é que a linguagem seja manipulada para convencer o mundo e evitar frustrações nas relações. Nessa tentativa, avalia-se quais recursos são bem-sucedidos e quais fracassam, impondo ao corpo uma escolha: reformar o discurso ou bancar o conflito que o fracasso provoca? A ansiedade, nesse caso, "é despertada quando a voz que ouvimos não é, afinal de contas, nossa própria voz, mas os outros falantes que introjetamos" (*ibidem*, p. 230).

Uma alegoria que pode simbolizar essa dimensão é o folheto das missas católicas, um roteiro padrão em que uma grande massa de pessoas responde em coro a algo já determinado em uma densidade histórica, sem possibilidade de construção coletiva ou questionamento. Quantas crianças são submetidas à reprodução de palavras difíceis durante as missas, sem entender nem sentir o que estavam fazendo ali? Quantas experiências semelhantes a essa orquestram nosso discurso como meros ecos da doutrina?

As atitudes retóricas enraizadas na norma dificultam a percepção da moralidade que nos cola a uma categoria social, como se fosse impossível abandoná-la; ao contrário, a fortalece. Afinal, o que é tão antigo e obsoleto quanto um diagnóstico cisgênero? Diz Monique Wittig (2022, p. 46): "Consolidamos uma consciência que consiste em selecionar, dentre as características do mito [de que mulheres são diferentes dos homens], aquelas que nos favorecem e usá-las para definir 'mulheres'".

Considerando que precisamos construir uma narrativa que descreva o próprio corpo no mundo, pessoas dissidentes da cis-heteronormatividade trilham um caminho árduo nessa constituição, já que os inúmeros armários aos quais estamos submetides não nos autorizam a criar uma existência, muito menos expressá-la. Entendendo que esse processo é intrínseco a um campo complexo, composto tanto de opressões quanto de possíveis desvios, deixamos aqui a indagação: a partir da radicalidade criativa exigida na construção de identidades desviantes, é possível que pessoas cis e hétero também possam perceber as instituições que marcam sua personalidade e produzam caminhos criativos na transgressão de seu gênero ou sexualidade? Como pessoas que configuram a própria identidade de forma coerente com a norma podem transgredir lealdades obsoletas?

Nesse sentido, é possível pensar que categorias desviantes tendem à invisibilidade ou à violência explícita, uma vez que a exigência social de passabilidade[2] é uma tentativa de enquadre e de "autorização" da cisnormatividade para que um corpo trans circule em alguns espaços — apenas alguns, já que a marcação de transgeneridade sempre estará presente e a vigilância do gênero denunciará expressões que desviem desse enquadre. A cisnormatividade está sempre a postos no limiar das relações entre pessoas trans e cis, compondo um campo marcado pelo enquadre que afasta o contato com a diferença. Nos afastamos do mundo imprevisível que emerge e nos desconforta a fim de dominá-lo

2. Conceito socialmente difundido entre a comunidade transgênera, atribuído aos corpos que podem ser percebidos socialmente em consonância com uma leitura do padrão cisgênero a respeito de feminilidade e masculinidade.

(Mônica Alvim, 2014); o poder que combatemos está em nós. Qual é o interesse em renunciar ao movimento da experiência? Para quem é definido pela norma, conceder autoridade ao estranho parece estar intimamente conectado com a percepção de perda de espaço.

Indo além da teoria do *self*, nos debruçaremos, nas próximas linhas, sobre a clínica da neurose, ampliando nossa compreensão da construção e da propagação de vidas normatizadas que evitam, a todo custo, o contato com a novidade, com o diferente.

Eu te amo — desde que não fuja do roteiro que escrevi para você

No capítulo "A natureza humana e a antropologia da neurose", PHG (1997) afirmam que não se pode conhecer as pessoas de forma cabal, pois elas estão sempre mudando, sendo a sua natureza em parte surpreendentemente maleável e em parte resistente. Ou seja, a percepção de ser humano em PHG não se refere a organismos que em determinado momento estariam prontos e acabados. Embora carreguem consigo partes em conservação, há também crescimento, transformação e mutação. Porém, boa parte de nossa socialização caminha em direção à conservação e à repetição, sobretudo quando se trata de questões de gênero e sexualidade, como foi anteriormente exposto.

Quaisquer identidades de gênero ou orientação sexual dissidentes da norma precisam ser evitadas — já que indesejadas —, sob contínua vigilância para que a ideia da cisgeneridade e heterossexualidade continuem imutáveis até o fim de nossa vida. Ou seja, a maleabilidade de nossa natureza postulada por PHG é fortemente perseguida e minada quando falamos de orientação do desejo e gênero. O campo organismo/ambiente é inundado por um excesso de rigidez identitária e contenção de desejos.

Espalha-se que cisgeneridade e heterossexualidade são "fenômenos da natureza", frutos de "criação divina", percebidas como identidades que não passam por processos de construção e criação, estando livres de qualquer interferência ambiental, cultural, histórica, territorial. Há entre profissionais da psicologia e da Gestalt-terapia defensores de tais ideias, difundindo que gênero e sexualidade são fenômenos intrapsíquicos — há quem fale de psique masculina e feminina.

Dessa forma, família, igreja, escola e algumas áreas da ciência moderna contribuem para que nossos corpos sejam tomados pelas normas ao longo dos anos. No decorrer da vida, esquecemos como aprendemos a seguir roteiros tão delirantes, tornando habitual pensar e agir por meio da cis-heteronormatividade, evitando o contato com tudo aquilo que seja considerado diferente — já não mais de forma deliberada. Assim, uma parte da neurose vai sendo alimentada e fortalecida por essas formas normativas de se viver gênero e sexualidade, ocorrendo um processo de autoconquista, no qual há, segundo PHG (1997, p. 167), um "agarramento, armistício ou insensibilidade, com o objetivo de evitar conflitos adicionais", findando na conquista do *self*, na qual as agressões voltam-se de modo retroflexivo contra necessidades genuínas. Dizem os autores (p. 168): "De acordo com as normas da pessoa introjetada, alienamos e agredimos o *self* conflitante. Isto se faz facilmente, porque a parte mais filial e social de nós mesmos, que era um dos litigantes, pode se aliar com a autoridade introjetada".

Assim, os comportamentos agressivos e repressivos estão bem à mão e são fáceis de aprender. Ou seja, com o passar do tempo, recorremos a formas habituais de violência para tratar a nós e a outres. Cabe aqui expor que nem sempre tais maneiras de violentar e controlar o corpo de outre se fazem evidentes, pois a norma chama tais atitudes de amor. Se pudéssemos dar voz a essa norma, ela diria algo como "é por te amar que te quero normal, hétero e cisgênero, é por te amar que te obrigo a deixar de ser quem você é, para que se pareça cada vez mais comigo, abra mão de você, como um dia eu abri mão de mim — caso contrário precisarei fazer uso da violência em nome do amor que sinto por ti". Portanto, tenhamos cuidado, pois, como

Geni Núñez (2023, p. 27) nos diz, "para contracolonizar, ou seja, para fazer um esforço contrário à colonização, precisamos reconhecer que é justamente em nome do bem, da família e do amor que a maior parte das violências se perpetua".

PHG (1997) reconhecem a intromissão de forças sociais que perturbam a espontaneidade na relação organismo-ambiente, afirmando que "essas forças são recém-chegadas e muitas vezes são mal compreendidas. Uma grande parte da psicoterapia é um processo de desengajamento dessas forças oriundas propriamente de fora da pele" (*ibidem*, p. 162). Para eles, tais forças atrapalham a autorregulação organísmica. Para o intruso sistema normativo sexo-gênero, os atos de inventar e descobrir nossos desejos e identidades são constantemente ameaçados, sendo vigiadas e punidas as tentativas de descobertas quando não se encaixam no esperado.

Tudo isso contribui para que desde muito cedo se instale uma ameaça crônica, que faz o organismo recorrer ao que PHG (1997, p. 125) chamam de "mecanismos de segurança da supressão, alucinação, deslocamento, isolamento, fuga", desenvolvendo-se uma neurotização da vida: ocorre um excesso de dessensibilização e evitação do conflito. Assim, tornam-se habituais formas de controle sobre si e sobre outres, havendo contenção do excitamento que romperia com as exigências cis-heteronormativas.

A "polícia" de gênero e sexualidade ronda os berços infantis, como nos diz Paul Preciado (2020), fazendo uso do autoritarismo. Ajustamentos criadores, quando se manifestam para romper com o normativo, não são bem-vindos, precisando ser controlados, contidos e punidos. O fluxo de *awareness* vai sendo evitado, o que prejudica a fluidez do processo figura-fundo. Afinal, nessa conjuntura, somente figuras autorizadas pela cisnorma podem emergir, ficando no fundo tudo que seja percebido como pecado e imundo.

Embora para a Gestalt-terapia o conflito seja importante para processos de crescimento e desenvolvimento, há forte evitação quando este se dirige ao questionamento identitário e do desejo. Quanto se autoriza que crianças digam sobre si quando se trata de gênero e sexualidade? Para a normatividade, elas são imaturas, não sabem de nada, o corpo delas é terreno aberto para conquistadores sedentos. Quanto aos adolescentes, são muito impulsivos e seguem apenas o que é "modinha". Mas e quanto aos adultos que se dizem sexo-gênero-dissidentes? Em virtude da normatividade, certamente são frutos de traumas, não receberam uma boa criação: "Talvez tenha faltado uma figura paterna!", "Ele é assim porque conviveu com muitas mulheres", "A culpa é da tua mãe que não foi firme, te faltou uma boa surra", "Isso é carma, você deve ter sido uma pessoa muito ruim em outras vidas, por isso veio *gay*"; "Você deve ter algum transtorno, por isso se identifica dessa forma".

Para PHG (1997), existe uma tentativa de esterilizar o campo da sexualidade, mas, aqui, vamos além quando afirmamos que também se visa esterilizar o gênero. Fenômenos que não precisam de regras e roteiros, pois são situacionais e se desenvolvem no encontro entre organismo/ambiente. Portanto, concordamos com PHG (1997, p. 146) quando afirmam em um trecho sobre sexualidade — e aqui novamente estendemos para gênero: "É muito melhor, permitindo-se tudo, que não se diga absolutamente nada. Mas a assim chamada atitude saudável, que torna um ato da vida uma prática de higiene, é um meio de controle e compartimentalização".

Retornamos aqui ao início da obra para ressaltar a importância de olharmos para o campo da neurose e seu poder de alimentar e propagar dicotomias, contribuindo para o rompimento de totalidades. PHG (1997, p. 54) afirmam que "este livro se concentra numa série de semelhantes dicotomias neuróticas básicas de teoria e tenta interpretá-las, conduzindo a uma teoria do *self* e sua ação criativa". Tais dicotomias são assim nomeadas: corpo e mente; *self* e mundo externo; emocional (subjetivo) e real (objetivo); infantil e maduro; biológico e cultural (este ponto é essencial para o debate das temáticas aqui propostas); poesia e prosa; espontâneo e deliberado; pessoal e social; amor e agressão; inconsciente e consciente.

Outras poderiam ser debatidas e aprofundadas, pois eles mesmos afirmam que aquelas são "as principais dicotomias neuróticas que tentaremos dissolver" (PHG, 1997, p. 56). Para eles, é fundamental que tais divisões sejam consideradas, pois elas influenciarão a forma como faremos psicoterapia. Aqui, novamente propomos uma atualização ao afirmamos que as categorias homem e mulher, macho e fêmea, masculino e feminino, quando guiadas pela cis-heteronormatividade, contribuem para divisão neurótica e manutenção do *status quo*, impedindo o processo de unificação criativa.

Somos, es autores deste capítulo, fracassades de gênero e sexualidade. Corpos não-bináries, nascides em estados (Roraima e Rio de Janeiro) onde há forte presença de conservadorismo. Fomos chamades pela cisnormatividade de menino e menina, homem e mulher. A heteronormatividade tentou nos fazer acreditar que éramos heterossexuais e que nossas formas de desejar e amar eram sujas, imundas. Porém, essas identidades não nos fazem sentido, não nos fazem pulsar. Fracassamos em manter dicotomias e confluências. Inventamos outras línguas para narrar nossas errâncias. Quebramos a integridade, e o que vivemos é uma enxurrada de *awareness* que nos obriga ao movimento constante. Somos pessoas brancas, magras e sem deficiência em busca de atualização e crescimento que reconhecem os privilégios advindos de tais estruturas opressivas contra as quais lutamos. Acreditamos que desidentificar é um dos caminhos possíveis para descolonizar.

Não há caminho de volta. Lembramos que Paul Preciado (2020) afirma que a coragem é uma qualidade cisgênera: é necessário que a norma, sob o exercício da "alteridade", enxergue quem é chamado de "diferente" (diferença a partir de qual referência?) como corajoso, para sentir sua reprodução fixada de gênero mais legítima; mas, ao contrário, carregar o peso da diferença sexual é que requer muita força e coragem.

Falar em fracasso nos remete à vulnerabilidade e à descentralização do já sabido, para que a criatividade siga seu rumo. Enquanto as neuroses dizem "poder sobre o corpo", a criatividade diz "liberdade para o corpo". Quantos desejos precisarão ser economizados para que o corpo se desmonte e se recrie?

Considerações finais

Retornando às perguntas iniciais, precisamos falar de alguns pontos óbvios na obra de PHG. Nela, determinadas passagens remetem ao campo da sexualidade, existindo trechos bem "ousados" para a época e outros completamente desatualizados — porém, seria necessário outro texto para debatermos esses pontos. Em nenhum momento o fenômeno "gênero" é questionado, provavelmente pelo fato de os autores serem pessoas cisgêneras, assim como o fato de serem pessoas brancas, do norte global, deixou de fora o debate sobre questões raciais. É preciso reconhecer que cisnorma, heteronorma e branquitude estão presentes em PHG e refletem categorias de privilégio como campo para a fundação da abordagem — embora esta tenha nascido numa contrarresposta a hegemonias que marcavam o significado de humano desconsiderando a dimensão social.

Talvez os maiores tensionamentos sobre sexualidade tenham vindo de Paul Goodman, que abertamente se identificava como *queer*, reivindicando essa identidade em uma época na qual ser *queer* era socialmente lido como sujo, excêntrico, marginal (Goodman, 2012). Pensamos que essa vivência pode ter influenciado o desenvolvimento de alguns conceitos muito importantes para a abordagem, já que as bases socialmente transgressoras estão presentes em toda a obra de 1951.

Assim, pelo menos no que tange ao aprofundamento em teoria do *self* e ajustamentos neuróticos, mesmo com a ausência das formações identitárias específicas, bem como violências operadas, PHG cumpriram o papel de ser contemporâneos a obras modernas que subvertem os sistemas e normas que embotam existências, apresentando uma base de subversão a instituições sociais que nos auxilia na produção de questionamentos sociais em realidades específicas. Esse diálogo mostra, assim, que contemporaneidade não tem relação com modernidade, mas com o caminho confluente entre obras na busca da percepção dos fenômenos sociais e da produção teórica.

Contudo, a aproximação entre PHG e temáticas como gênero e sexualidade precisa ser feita por nós, Gestalt-terapeutas da atualidade, recorrendo sempre que necessário a estudos e pesquisas desenvolvidas por teóriques que não são necessariamente Gestalt-terapeutas, mas que muito estão debatendo o tema e produzem discussões que ora se aproximam, ora se distanciam de nossa abordagem. Precisamos ir além, retomar conceitos e ampliar discussões que, por muito tempo, foram negligenciadas por influência das normas.

Em algum nível, a Gestalt-terapia foi tomada pela própria neurose a qual se propôs estudar, evitando durante anos o movimento de entrar em contato com fenômenos que sempre estiveram aqui. Algo que ainda acontece na atualidade, quando Gestalt-terapeutas se recusam à atualização, colocando-se ao lado das normas de gênero, sexualidade, raça e classe, e não ao lado da multiplicidade da vida. Dito isso, sigamos ampliando a discussão de forma crítica e interseccional, realizando um movimento de descolonização e expansão de nossa abordagem.

Referências

AGAMBEN, G. *O que é o contemporâneo? e outros ensaios*. Chapecó: Argos, 2009.

ALVIM, M. B. *A poética da experiência: Gestalt-terapia, fenomenologia e arte*. Rio de Janeiro: Garamond, 2014.

BUTLER, J. *Quem tem medo do gênero?* São Paulo: Boitempo, 2024.

GOODMAN, P. "Ser queer". *Bagoas — Estudos gays: gêneros e sexualidades*, [*S. l.*], v. 6, n. 7, 2012. Disponível em: https://periodicos.ufrn.br/bagoas/article/view/2234. Acesso em: 3 jun. 2025.

LUGONES, M. "Colonialidade de gênero". *In*: HOLANDA, H. B. de. *Pensamento feminista hoje: perspectivas decoloniais*. Rio de Janeiro: Bazar do Tempo, 2020.

NÚÑEZ, G. *Descolonizando afetos: experimentações sobre outras formas de amar*. São Paulo: Planeta, 2023.

Perls, F. S.; Hefferline, R; Goodman, P. *Gestalt-terapia*. São Paulo: Summus, 1997.

Preciado, P. B. *Testo junkie: sexo, drogas e biopolítica na era farmacopornográfica*. São Paulo: N-1, 2018.

_____. *Um apartamento em Urano: crônicas da travessia*. Rio de Janeiro: Zahar, 2020.

Robine, J.-M. *O self desdobrado*. São Paulo: Summus, 2006.

Vergueiro, V. *Por inflexões decoloniais de corpos e identidades de gênero inconformes: uma análise autoetnográfica da cisgeneridade como normatividade*. Dissertação (pós-graduação em Cultura e Sociedade) — Universidade Federal da Bahia, Ondina, 2016. Disponível em: https://repositorio.ufba.br/handle/ri/19685. Acesso em: 27 maio. 2025.

Wittig, Monique. *O pensamento hétero e outros ensaios*. Belo Horizonte: Autêntica, 2022.

6. A rua como parte principal da cidade: territorialidade e redução de danos

Drieli Venâncio da Silva Sousa

Em outubro de 2015, iniciei meu trabalho como redutora de danos no Projeto Corre Pra Vida, com uma equipe multidisciplinar composta por psicólogo, assistente social, enfermeira, cientista social e outros profissionais. Em nosso trabalho, percorremos as ruas do bairro Moura Brasil e o centro de Fortaleza, capital do Ceará. Nosso objetivo inicial era mapear e delimitar nossas áreas de atuação e os serviços de atendimento à população em situação de rua disponíveis no território.

Ao longo deste capítulo, exploraremos as intersecções entre vulnerabilidade social, territorialidade e o uso de substâncias psicoativas. Partindo das vivências em campo e da convivência direta com a população em situação de rua, discutiremos como o território influencia profundamente a forma como essas pessoas vivenciam suas relações, acessam cuidados e lidam com os desafios impostos pela marginalização. A interlocução com a Gestalt-terapia destaca como a compreensão do território e dos atravessamentos sociais pode integrar e ampliar as práticas da psicologia, oferecendo uma perspectiva mais ampla e integrada das demandas sociais contemporâneas.

Moura Brasil, popularmente conhecido como Oitão Preto, é um dos bairros mais antigos de Fortaleza e está localizado às margens da avenida Leste-Oeste. A construção dessa avenida, projetada para conectar diferentes regiões da cidade, acabou isolando o bairro, acentuando ainda mais sua exclusão, apesar de sua proximidade com o centro da capital. Essa área reflete o descaso histórico do Estado, que a coloca em condição de alta vulnerabilidade social. Trata-se de uma população de baixa renda que vive sob condições precárias, sobretudo de moradia, e tem pouco acesso a serviços públicos essenciais (Pinheiro, 2005).

Compreender as complexidades do Moura Brasil e sua relação com as práticas de cuidado apresentadas neste capítulo exige uma definição de territorialidade. Desse modo, a entendemos como uma "categoria-síntese, de natureza espacial, usada para delimitar uma unidade formada por sistemas sociais e pelos sistemas naturais dos quais eles dependem" (Favareto *et al.*, 2015; Abramova *apud* Favareto e Lotta, 2022). Aqui, território e territorialidade podem ser compreendidos como construções sociais complementares que se referem às dinâmicas de interação, disputa e relações que definem o uso e o controle de espaços. Mais do que uma delimitação geográfica, o território emerge como uma unidade ativa, em que forças locais e externas se entrelaçam para moldar as condições sociais, culturais e políticas do ambiente (Favareto e Lotta, 2022). Na perspectiva da Gestalt-terapia, isso dialoga com a noção de campo, que compreende o ambiente e o sujeito como elementos interligados e mutuamente influenciáveis. Essa abordagem será essencial para analisar como o território impacta as práticas de cuidado dos usuários atendidos.

A ausência de infraestrutura básica, combinada à violência e ao tráfico de drogas, torna o Moura Brasil um território favelizado, complexo e desafiador, que demanda um trabalho conjunto entre campos de atuação dos serviços de saúde, assistência social e segurança pública, além do trabalho específico de redução de danos, combinação esta que nem sempre se realiza.

A quantidade de pessoas vivendo nas ruas do Moura Brasil, na maioria usuárias de álcool, *crack* e outras drogas, revela um cenário epidemiológico com consequências profundas tanto para os indivíduos quanto para a comunidade ao redor. De longe, observamos a miséria, a degradação e a segregação expostas a céu aberto. Ao nos aproximarmos, o cenário torna-se ainda mais chocante, com corpos marcados pela negligência, desnutrição e desidratação, além de doenças sexualmente transmissíveis e mutilações. Muitos permanecem na entrada da favela, ocupando espaços destinados a outros fins, como o prédio que viria a ser uma escola de gastronomia, mas que, para eles, se torna moradia. Entre os mais velhos, alguns bêbados expressam resistência a ser comparados com os usuários de *crack*, dizendo com firmeza: "Não uso drogas, só álcool" — como se o álcool, por ser socialmente mais aceito, estivesse isento do estigma que pesa sobre outras substâncias.

Porém, à medida que explorávamos o território, compreendíamos que o espaço urbano não era apenas um cenário para o uso de substâncias, mas também uma extensão das relações e dos modos de sobrevivência dessa população. Cada esquina, praça e abrigo improvisado carregava histórias, vínculos e atravessamentos que ultrapassavam a dimensão física do lugar, revelando dinâmicas sociais e subjetivas complexas. Um espaço, ao mesmo tempo, de proteção e de risco — um campo onde questões de vulnerabilidade, violência e exclusão emergiam intensamente.

O território pode ser compreendido, ainda, como um campo dinâmico, em que as questões mais urgentes de um indivíduo ou de uma comunidade emergem como figura em meio ao fundo de suas condições sociais, culturais e econômicas. Essa dinâmica pode ser analisada a partir da relação entre figura e fundo, considerando tanto o ponto de vista do campo quanto a experiência singular do usuário. Contudo, é imprescindível reconhecer a indissociabilidade entre essas dimensões, que se influenciam mutuamente na construção do cuidado.

Nesse cenário, percebemos a necessidade de uma atuação profissional que levasse em conta a redução de danos no sentido mais tradicional, reconhecendo a importância do território nas escolhas e comportamentos dessas pessoas.

Naquele espaço, a presença da equipe técnica se destacava por não chegar com promessas ou julgamentos, mas com a disposição de ouvir e oferecer suporte, no tempo e nos termos de cada usuário. O reconhecimento de cada um pelo nome e o contato repetido com os mesmos rostos nos permitiram romper, ainda que lentamente, com a invisibilidade que marca a vida dessas pessoas. A prática da redução de danos, nesse cenário, começava com pequenos gestos — como um cumprimento ou um sorriso — que ajudavam a construir uma relação de confiança. Era nesse campo, onde armas, drogas e álcool se cruzavam com o cotidiano de trabalho e sobrevivência, que precisávamos encontrar brechas para promover um cuidado possível — que começava pelo reconhecimento da humanidade e da dignidade de cada um. Diferentemente de outras presenças no território, muitas vezes ligadas ao controle ou à imposição de normas (como os pastores ou a polícia), nossa atuação procuravam acolher as pessoas tal como eram, sem a expectativa de mudança imediata ou condenação por suas escolhas.

Estar no território nos proporcionava contato direto com as vivências das pessoas em situação de rua, possibilitando-nos conhecer seus locais de permanência, cenas de uso de substâncias e sobrevivências. Esse contato foi fundamental para a construção participativa do projeto. A compreensão do território como espaço de proteção e risco também é apoiada por serviços comunitários, como os Centros de Atenção Psicossocial (Caps), que tomam emprestada da sociologia urbana a noção de "território" (Santos e Silveira, 1997) para promover a integração dos usuários à sua comunidade de origem e ao bairro onde vivem, reforçando a atenção próxima e inclusiva.

A cartografia da região foi realizada de maneira geográfica e etnográfica, incluindo dados como estrutura física, características dos usuários e movimentação em diferentes turnos. Esse processo detalhado revelou que o centro de Fortaleza é dividido em áreas demarcadas. As pessoas em situação de rua que dormem na praça do Ferreira não acessam a calçada de uma loja de materiais de construção que também é utilizada para descanso no período noturno. Já quem dorme na praça do Carmo não tem acesso à praça do Ferreira. Por se tratar de um território dinâmico, o grafar da cartografia requer atualizações frequentes para captar as transformações constantes na cena urbana.

Após dois meses de trabalho em campo e reuniões de equipe, decidimos que o local estratégico para a instalação de um contêiner como ponto de apoio para o trabalho seria nas proximidades da entrada do Moura Brasil, no Oitão Preto, escolhido por ser considerado "neutro", sem conflitos e de fácil acesso aos usuários de substâncias psicoativas.

No cotidiano, ajustamos os horários de atendimento para alcançá-los nos momentos mais adequados. O trabalho em equipe proporcionou oferta de cuidado com ações diversas, como marcação e acompanhamento de consultas pré-natal, banho, cuidado com ferimentos e rodas de conversa sobre redução de danos. Nosso diálogo se expandiu para além dos usuários, alcançando feirantes, comerciantes, guardas e transeuntes — partes do território que formam redes de suporte para aqueles em situação de rua.

O cuidado com o corpo, por vezes, só era aceito após insistências acolhedoras, sem imposições, geralmente apenas quando a situação já estava crítica. Em meio à precariedade, um complexo ambiente de sobrevivência emergia entre o lixo, onde os restos se tornavam recursos essenciais para a vida de quem ali se encontrava.

A realidade do território era marcada por uma dinâmica de sobrevivência brutal, na qual diferentes universos coexistiam e se cruzavam quase sem ser notados. Bebidas circulavam a qualquer hora do dia e armas eram vistas por aqueles que seguiam para o trabalho. Os usuários se apertavam em quartos minúsculos, comandados pelo tráfico, que cobrava uma taxa para que pudessem se "apagar" durante o dia — expressão usada para descrever o estado de desligamento ou torpor causado pelo consumo intenso de drogas. O ambiente era marcado por piscadas de olhos, vozes gaguejantes ao tentar se comunicar e evasão do olhar para evitar contato com aqueles que não faziam parte dessa realidade, revelando uma segregação silenciosa, em que a invisibilidade era uma forma de proteção.

Em meio à degradação, miséria e violência, o simples ato de se aproximar, olhar nos olhos e tentar estabelecer algum tipo de contato exigia não apenas técnica, mas também uma sensibilidade profunda para lidar com os medos e as desconfianças. Era uma batalha diária para romper com o isolamento e oferecer um cuidado que fosse, acima de tudo, humano e respeitoso. As barreiras, quase sempre invisíveis para quem não está diretamente envolvido com essa realidade, eram erguidas pela marginalização social e pelo estigma, e muitas vezes nos impediam de acessar diretamente as necessidades mais profundas dessas pessoas, exigindo de nós uma abordagem que considerasse não apenas as questões de saúde, mas o contexto total da existência de cada um.

Durante esses dois meses, realizamos o mapeamento diretamente em campo, enquanto desenvolvíamos ações integradas com as Unidades Básicas de Saúde (UBS) das Regionais I e II. Essa articulação foi crucial, pois, quando integrada com as UBS, nosso trabalho se tornava mais fluido, promovendo maior acessibilidade e integralidade no cuidado. Contudo, em diversas ocasiões, a entrada de pessoas em situação de rua foi impedida por técnicos das próprias instituições de saúde, gerando desconforto e indignação. Esses episódios de violação do direito de acesso evidenciavam o preconceito e a discriminação ainda presentes. Esse aprendizado reforçou a importância de uma rede integrada e sensível para o sucesso das intervenções, destacando também a necessidade de enfrentar as barreiras culturais.

Redução de danos: prática, escuta e clínica ampliada

Nesse contexto, embora nem todos os usuários de álcool e outras drogas estejam em situação de extrema vulnerabilidade ou experimentem complicações graves de saúde, muitos vivenciam agravos significativos decorrentes dessas condições. Esses casos demandam uma atenção especial do poder público, e é nesse cenário que a redução de danos atua como ferramenta fundamental, ampliando as possibilidades de cuidado e minimizando os riscos tanto para o usuário quanto para a sociedade.

As ações de redução de danos (RD) constituem um conjunto de estratégias de saúde pública voltadas para a minimização das consequências adversas causadas por práticas de risco relacionadas ao uso de drogas (Queiroz, 2001), focadas em se aproximar do usuário onde ele se encontra — nas ruas, nos bares, nas "bocas de fumo", em pontos de prostituição e na comunidade onde reside. A natureza dessas ações reflete uma abordagem prática e ágil, que entende o território não como um obstáculo, mas como um recurso a ser utilizado no cuidado.

Desde que foi adotada pelo Ministério da Saúde, em 1994, a redução de danos promoveu mudanças significativas em cenários críticos, como o da epidemia de aids no Brasil. Naquele ano, 21,4% dos casos notificados no país tinham relação direta ou indireta com o uso de drogas injetáveis. Já em 2006, essa relação caiu para 9,8%. Durante esse período, o número de casos da doença entre usuários de drogas injetáveis diminuiu 70%, passando de 4.661 em 1995 para 1.418 em 2005, conforme dados do Boletim Epidemiológico do Departamento de DST, Aids e Hepatites Virais do Ministério da Saúde.

A redução de danos pode ser entendida como uma abordagem que visa ampliar a reflexão sobre como minimizar os danos decorrentes de práticas que possam causar prejuízos à saúde (Pnab, 2011b). Nesse sentido, ela não se restringe apenas ao cuidado direto, mas implica uma mudança na forma de pensar a saúde e o cuidado, levando em consideração as especificidades e vulnerabilidades de cada indivíduo. Destaca-se como uma tecnologia de cuidado que nasceu das iniciativas dos próprios usuários de drogas, que, em suas vivências, passaram a desenvolver formas de reduzir os riscos associados ao uso de substâncias. Essa prática inverte o papel tradicional: o usuário deixa de ser um objeto de intervenção para tornar-se o sujeito ativo no processo de cuidado. Essa mudança coloca a redução de danos como uma estratégia profundamente alinhada ao respeito aos direitos dos cidadãos, na qual os indivíduos são reconhecidos em sua autonomia e capacidade de decisão sobre a própria vida.

As estratégias de sobrevivência das pessoas em situação de rua, como o uso de substâncias psicoativas, podem ser compreendidas, no sentido gestáltico, como ajustamentos criativos: respostas adaptativas que emergem do campo como tentativas de lidar com as adversidades do território em que vivem — sejam elas relacionadas à violência, à exclusão ou à precariedade de recursos. Contudo, é essencial diferenciar esses ajustamentos criativos, que demonstram "regulação saudável", dos "ajustamentos banais" (Müller-Granzotto e Müller-Granzotto, 2012a). Enquanto os primeiros representam respostas dinâmicas às condições adversas, os ajustamentos banais traduzem uma conformidade passiva às estruturas opressivas do território, perpetuando ciclos de vulnerabilidade e sofrimento. Assim, o trabalho de cuidado no território deve não apenas validar as estratégias criadoras do usuário, mas também ampliar suas possibilidades de escolha.

É importante ressaltar que a Portaria Ministerial n. 3.088, de dezembro de 2011 (republicada em 2013), reafirma a redução de danos como um dos princípios fundamentais da Rede de Atenção Psicossocial (Raps), em seu art. 2º, inciso VIII: "Desenvolvimento de estratégias de redução de danos". Isso demonstra a centralidade dessa abordagem nas políticas de saúde pública, como estabelecido pela política do Ministério da Saúde de 2003.

Além disso, podemos compreender a redução de danos de uma maneira mais ampla do que a descrita em manuais técnicos. Não se trata de uma receita médica ou uma sequência predefinida de ações. Nesse sentido, apoiamo-nos na definição de Antônio Lancetti (2009), que no livro *Clínica peripatética* descreve as práticas de redução como uma "ampliação de vida". Trabalhar sob essa lógica nos aproxima dos reais desejos e necessidades das pessoas atendidas, permitindo que as relações e os afetos se intensifiquem à medida que o cuidado se constrói de forma corresponsabilizada e singular. Essa abordagem vai além de um contexto de risco e vulnerabilidade, buscando a melhoria das condições sociais e de saúde.

A integração entre saúde mental e atenção básica é essencial nessa prática, sendo fortalecida pelos avanços da reforma sanitária brasileira e a construção do Sistema Único de Saúde (SUS). Esse sistema se alicerça em três princípios fundamentais — universalidade, equidade e resolutividade — que orientam um conceito ampliado de saúde. Assim, torna-se necessário desinstitucionalizar os saberes que aprisionam os usuários em categorias nosográficas ou sociais, permitindo um cuidado verdadeiramente emancipatório e singular.

Diante de tudo o que foi exposto até aqui, apresento um exemplo concreto de como essas estratégias se materializam no acompanhamento cotidiano dos casos. A prática no território é sempre atravessada por desafios que exigem sensibilidade e adaptação, e cada encontro com as pessoas em situação de vulnerabilidade nos convida a repensar nossas intervenções de maneira singular. O caso apresentado ilustra bem como a redução de danos, em essência, vai além de protocolos, sendo uma construção compartilhada e viva, na qual a saúde é pensada de forma ampliada e centrada nas reais demandas dos indivíduos, sempre respeitando seus tempos, escolhas e potencialidades.

Caso Amália

Para ilustrar a concepção de cuidado ofertada às pessoas que fazem uso prejudicial de substâncias psicoativas, apresentamos o caso de Amália. É importante destacar que o nome utilizado é fictício e que esta discussão constitui uma possibilidade de intervenção, prática comumente utilizada na literatura gestáltica. Além disso, os dados pessoais e outras informações relevantes foram modificados a fim de preservar o sigilo e a privacidade da pessoa envolvida. Essa abordagem permite-nos refletir sobre o processo de cuidado e as estratégias de redução de danos no contexto do território, respeitando os princípios éticos que norteiam a prática profissional.

Uma das primeiras usuárias a acessar o espaço físico do contêiner, em dezembro de 2015, foi uma mulher transexual que se encontrava em situação de rua, exercendo a prostituição e utilizando múltiplas substâncias, como *crack*, cocaína aspirada, álcool, maconha e tabaco. Além disso, apresentava tosse com secreção e um abscesso renal. O uso de drogas se intensificou em 2016, após a separação do marido, quando ambos descobriram ser HIV positivos e decidiram se mudar para Fortaleza. Na ocasião, ela mudou-se sozinha, pois o companheiro, na época, não suportou continuar a relação.

Inicialmente, ela foi acolhida e encaminhada ao Hospital São José de Doenças Infecciosas (HSJ), onde já realizava acompanhamento. Para não perder o benefício do Instituto Nacional do Seguro Social (INSS), buscava a medicação, mas não a tomava nem seguia as recomendações médicas. Passou por várias internações para desintoxicação no Caps AD, solicitava abrigamento, mas não conseguia se manter longe das ruas. O Projeto Corre Pra Vida tornou-se uma base para suas necessidades diárias, como banho, insumos, rodas de conversa e oficinas. A situação se agravou quando, após furtar outro usuário, sofreu agressões físicas. Isso nos levou a realizar reuniões reflexivas sobre o caso. Estas eram conduzidas com a participação de profissionais do projeto e usuários, funcionando como um espaço de integração das dinâmicas da rua à prática de cuidado que estávamos oferecendo, com o objetivo de garantir a integridade física de todos.

Durante esses encontros, a equipe se qualificava para transformar as queixas em demandas concretas, reconhecendo também nossos limites dentro dos acordos que surgiam. Embora entendêssemos e respeitássemos as particularidades do território, nem sempre os acordos estabelecidos eram aceitos por quem comandava o tráfico no local. Foi dessas reflexões que surgiram as assembleias dos usuários, um espaço mais amplo para fomentar diálogo e corresponsabilidade.

Partindo da perspectiva fenomenológica de Husserl e da crítica de Basaglia, que coloca o conceito de "doença" entre aspas, adotamos uma abordagem similar com o "uso de drogas". Questionamos o papel da substância na relação com o sujeito e com o contexto sociocultural.

Amália parece projetar no campo a ideia de que o uso de substâncias não é um problema intrínseco, mas algo diretamente relacionado aos outros — "eu só uso por causa dos *boy*" ou "sem uso, ninguém me quer". De acordo com Polster e Polster (2001), essa projeção ocorre quando o indivíduo desloca a responsabilidade e o significado de seu comportamento para fatores externos, como a aceitação pelos parceiros e as dinâmicas do campo social. Nesse caso, a projeção funciona como uma tentativa de justificar ou legitimar seu comportamento dentro de uma lógica de troca presente no campo, permitindo-lhe preservar um senso de valor e pertencimento.

Simultaneamente, Amália introjetou crenças disfuncionais do campo, como a ideia de que seu uso de substâncias é indispensável para ser desejada ou ter relevância em suas interações sociais. Essas crenças, absorvidas sem reflexão crítica, moldam sua percepção de si mesma e reforçam sua dependência de dinâmicas que perpetuam sua vulnerabilidade. Conforme Müller-Granzotto e Müller-Granzotto (2012a), a introjeção ocorre quando elementos do campo são internalizados sem questionamento, podendo levar a ajustamentos disfuncionais e à perpetuação de estruturas opressivas. Esses mecanismos revelam como o campo influencia profundamente as escolhas e os comportamentos de Amália, destacando a importância de práticas de cuidado que desconstruam essas estruturas e ampliem suas possibilidades de ajustamento.

Após nove meses de acompanhamento mais direto, Amália começou a permanecer por períodos mais longos em abrigos e a tomar os medicamentos regularmente enquanto estava no equipamento.

Vincular-se com a equipe do Caps foi um passo importante em sua trajetória, possibilitando que ela se sentisse acolhida em momentos de crise e sempre que precisasse de desintoxicação. Com o tempo, ela começou a manifestar o desejo de ter seu próprio espaço, apesar do medo de perder os vínculos com a rua e com os amigos que construiu nesses espaços, bem como seu modo de conseguir dinheiro mangueando[1], suas relações amorosas e as dinâmicas de sobrevivência que a mantinham ali.

As idas e vindas entre a rua, o abrigo e as desintoxicações foram oportunidades para trabalhar seus medos e inseguranças. Até que, após dois meses de ajustamentos criativos mais constantes, Amália alugou uma casa. No dia em que se mudou, ela expressou algo que marcou profundamente nossa relação: "Hoje vou dormir com os dois olhos fechados. Só tenho a agradecer por você estar aqui, confiar e acreditar em mim. Nem minha mãe acredita mais".

Essa fala revela as profundas transformações que podem ocorrer quando trabalhamos com baixa exigência e com um cuidado compartilhado, como aponta Lancetti (2015). O fato de poder dormir com os dois olhos fechados, tomar banho diariamente e vestir roupas limpas é um resgate de identidade e dignidade, permitindo que ela se veja além do estigma de "noia"[2].

Essa experiência reflete a essência da redução de danos no contexto psicossocial, no qual o objetivo é reposicionar a pessoa. Em vez de ser apenas alguém que sofre com seus conflitos, ela passa a se reconhecer como agente ativo em sua vida, com a possibilidade de transformação e mudança.

Para repensar o cuidado

Acompanhar de perto o processo de construção dos vínculos de cuidado entre equipe e os usuários, participando do cotidiano e das inter-

1. Mangueador: aquele que pede; pedidor; aquele que mendiga.
2. Termo popularmente utilizado para se referir a pessoas em situação de rua que fazem uso abusivo de substâncias psicoativas, frequentemente associado a estigmas e preconceitos sociais.

venções, é testemunhar um acolhimento genuíno e sensível, mantido firme mesmo diante de inúmeras dificuldades. Nesse processo, o impacto transformador da atenção à saúde tornou-se claro, modificando gradualmente a compreensão sobre o que significa produzir saúde em contextos de extrema vulnerabilidade. A experiência de proximidade e aprendizado revelou de forma profunda como o vínculo se torna um recurso essencial para promover saúde e dignidade.

Ao longo desse percurso, foi possível observar o processo de construção de uma atitude de cuidado por parte da equipe, consolidada pela prática e pelo enfrentamento das necessidades que emergiam em cada caso. A cada desafio, a equipe se fortalecia e ampliava suas intervenções, buscando atuar em sintonia com os projetos terapêuticos individuais — apesar da fragilidade das articulações com outras instituições de cuidado à população em situação de rua. Sobretudo nos casos que envolvem a saúde, transcendendo o uso de substâncias psicoativas, a equipe mostrou competência ao atender às demandas dos usuários, frequentemente encontrando os recursos necessários na própria rede, apesar das constantes limitações de vagas nos equipamentos de saúde e assistência social.

A atenção à saúde está inevitavelmente atrelada ao contexto sócio-histórico e territorial em que se insere, carregando as marcas de como nossa sociedade trata as pessoas em situação de rua. Nos serviços de saúde, assim como na sociedade em geral, reproduzem-se práticas de tratamento historicamente destinadas às camadas mais pobres. As diferenças de classe afastam os profissionais contratados pelo SUS de seus usuários — abismo que se intensifica quando se trata de pessoas em situação de rua. Nesse contexto, a abordagem em redução de danos tem a função primordial de potencializar o vínculo e acolher as demandas dessa população, estabelecendo uma aproximação que dialogue com o usuário a partir de outra perspectiva e reconheça o território como parte essencial de sua existência.

No Corre pra Vida, essa característica de aproximação é acentuada pelo fato de termos contado com redutores de danos que já estiveram em situação de rua e enfrentaram o uso abusivo de substâncias psicoativas. Esses profissionais trouxeram ao equipamento a linguagem da rua, os pactos e as adversidades da vida em espaços públicos, oferecendo à equipe uma compreensão mais íntima dessa realidade. Essa proximidade facilita o diálogo e a compreensão das necessidades dos usuários, enquanto as reuniões de equipe e a discussão de casos ajudam a ajustar as diferenças de classe que poderiam dificultar o vínculo.

Apesar dos avanços dentro da equipe, o preconceito e o despreparo ainda permeiam muitos serviços de saúde. A corresponsabilização no cuidado enfrenta inúmeros desafios, pois, na prática, a equipe do Corre pra Vida frequentemente depende da boa vontade de outras instituições públicas para obter vagas para os usuários, sendo essas vagas oferecidas mais por concessão ou favor do que como um direito assegurado. Isso revela uma falta de compromisso formal na rede de saúde e assistência social para com a população em situação de rua, o que dificulta o acesso equitativo aos serviços e torna os profissionais do projeto dependentes de estabelecer negociações individuais com os serviços parceiros. O mau cheiro, a aparência e a condição dos usuários continuam sendo vistas como empecilhos, e a exigência de banho é uma barreira quase universal. Além disso, muitos profissionais ainda demonstram despreparo diante dos problemas de saúde específicos das pessoas em situação de rua, cuja existência é marcada por desafios únicos relacionados às condições de vida e aos determinantes de saúde impostos pelo território em que vivem.

Diante dessa realidade, o atendimento às pessoas em situação de rua exige uma linha de cuidado específica, que responda adequadamente às suas particularidades e aos determinantes de saúde que enfrentam. Nesse contexto, a territorialidade passa a ser um eixo estruturante do cuidado, integrando o espaço urbano e suas condições sociais, culturais e históricas às práticas de saúde. Para fortalecer essa prática de cuidado ampliado, a Gestalt-terapia oferece uma abordagem profundamente integrada ao considerar o conceito de campo uma unidade de interação constante entre o indivíduo e seu ambiente, formada também pelas estruturas sociais e culturais que permeiam o território. Nessa visão, cada sujeito é influenciado por esse campo, que traz marcas de desigualdades de gênero, raça e classe, influenciando suas escolhas, seus comportamentos e suas estratégias de sobrevivência (Müller-Granzotto e Müller-Granzotto, 2007).

Assim, mesmo comportamentos como o uso de substâncias psicoativas podem ser vistos como ajustamentos criativos — tentativas adaptativas e válidas de responder aos desafios de um ambiente marcado pela exclusão e pela vulnerabilidade. Além disso, ao reconhecer a complexidade do campo e do *self*, a clínica do sofrimento ético-político e antropológico complementa essa prática ao evidenciar que o sofrimento desses sujeitos não é isolado, mas produto de um contexto social marcado por forças de opressão e exclusão.

Esse sofrimento ético-político envolve o peso de desigualdades estruturais que atravessam e impactam o organismo como uma totalidade, ressaltando a importância de uma escuta sensível e atenta aos determinantes que moldam as experiências e os modos de existir no território. Ao adotar essas perspectivas, a prática de redução de danos passa a incluir não apenas o alívio imediato do sofrimento, mas a construção de um campo de cuidado que reconheça as demandas de cada pessoa, validando suas tentativas de ajustamento e buscando transformar o próprio território em um espaço de acolhimento e dignidade.

É fundamental que as instituições que compõem a rede de atenção aos usuários de álcool e outras drogas reflitam criticamente sobre o modo como enxergam os "loucos da rua" e as implicações desse imaginário social nas intervenções em saúde mental. Ao se colocarem como referência para o uso abusivo de substâncias, as comunidades terapêuticas frequentemente reforçam uma lógica de exclusão e patologização, que mantém o "louco" de rua atrelado à lógica manicomial, um fantasma que ainda assombra a prática da saúde mental. Para romper com esse referencial, é essencial promover modos de cuidado que se conectem com o inusitado, se afetem pela loucura e estabeleçam um encontro verdadeiramente transformador entre a sociedade e o sofrimento.

Referências

BRASIL. Ministério da Saúde. "Secretaria de Atenção à Saúde. A experimentação da Clínica Ampliada na Atenção Básica de Saúde: articulando princípios, diretrizes e dispositivos em cotidianos complexos". *Política Nacional de Humanização. Atenção Básica*. Brasília: Ministério da Saúde, 2010a, p. 165-78.

_____. "Secretaria de Atenção à Saúde. Colegiado de Coordenadores de Saúde Mental". *Legislação em Saúde Mental — 2004 a 2010*. Edição XII. Brasília: Ministério da Saúde, 2010b.

_____. *Portaria GM n. 3.088, de 23 de dezembro de 2011*. Institui a Rede de Atenção Psicossocial para pessoas com sofrimento ou transtorno mental e com necessidades decorrentes do uso de *crack*, álcool e outras drogas no âmbito do Sistema Único de Saúde. Brasília: Ministério da Saúde, 2011a.

_____. "Secretaria de Atenção à Saúde. Departamento de Atenção Básica". *Política Nacional de Atenção Básica*. Brasília: Ministério da Saúde, 2011b.

_____. "Secretaria de Atenção à Saúde. Departamento de Atenção Básica". *Manual sobre o cuidado à saúde junto à população em situação de rua*. Brasília: Ministério da Saúde, 2012.

FAVARETO, A. *et al*. "Territórios importam: bases conceituais para uma abordagem relacional do desenvolvimento das regiões rurais ou interioranas no Brasil". *Revista em Gestão, Inovação e Sustentabilidade*, v. 1, p. 13-33, 2015.

FAVARETO, A.; LOTTA, G. "A longa evolução das ideias sobre Estado, políticas públicas e territórios — para além das políticas e abordagens territorialmente cegas". *Revista Brasileira de Estudos Urbanos e Regionais*, v. 24, e202229, 2022. Disponível em: https://doi.org/10.22296/2317-1529.rbeur.202229.

LANCETTI, A. *Contrafissura e plasticidade psíquica*. São Paulo: Hucitec, 2015.

_____. *Clínica peripatética*. São Paulo: Hucitec, 2009.

MÜLLER-GRANZOTTO, M.; MÜLLER-GRANZOTTO, R. L. *Clínicas gestálticas: sentido ético, político e antropológico da teoria do self*. São Paulo: Summus, 2012a.

Müller-Granzotto, M.; Müller-Granzotto, R. L. *Psicose e sofrimento*. São Paulo: Summus, 2012b.

______. *Fenomenologia e Gestalt-terapia*. São Paulo: Summus, 2007.

Pinheiro, C. H. *Desenvolvimento urbano e segregação socioespacial: um estudo da Avenida Leste-Oeste em Fortaleza — CE*. 2005. Disponível em: http://www.joinpp2013.ufma.br/jornadas/joinppII/pagina_PGPP/Trabalhos/EixoTematicoF/237Carlos_henrique.pdf. Acesso em: 27 maio 2025.

Polster, E.; Polster, M. *Gestalt-terapia integrada*. São Paulo: Summus, 2001.

Queiroz, I. S. de. "Os programas de redução de danos como espaços de exercício da cidadania dos usuários de drogas". *Psicologia: Ciência e Profissão*, Brasília, v. 21, n. 4, p. 2-15, 2001. Disponível em: https://doi.org/10.1590/S1414-98932001000400002.

Santos, M.; Silveira, M. L. *Território, globalização e fragmentação*. São Paulo: Hucitec/Anpur, 1997.

Teixeira, M.; Fonseca, Z. *Saberes e práticas na Atenção Primária à Saúde: cuidado à população em situação de rua e usuários de álcool e outras drogas*. São Paulo: Hucitec, 2015.

7. "Direitos humanos para humanos direitos": Gestalt-terapeutas a serviço do compromisso político, ético e social da psicologia

Angélica Alves da Silva

> Quando dou comida aos pobres, me chamam de santo. Quando pergunto por que eles são pobres, chamam-me de comunista.
>
> DOM HÉLDER CÂMARA (1909-1999)

A citação de Dom Hélder Câmara, arcebispo emérito de Olinda e Recife e grande defensor dos direitos humanos no período da ditadura empresarial-militar[1] (1964 a 1985), ilustra a incoerência daqueles que desconhecem o campo da garantia de direitos, sobretudo no que se refere aos direitos humanos.

Diante do exposto, cabe a mim apresentar-me, a fim de sustentar a escrita deste capítulo. Sou Angélica Alves, filha única de um casal inter-racial, mulher negra e mãe solo de uma criança linda, maravilhosa e atípica. Recifense da gema, suburbana nata e convicta. Sou psicóloga clínica e social, nascida em 10 de dezembro, data em que a Declaração Universal dos Direitos Humanos também veio ao mundo, o que para mim aponta parte da minha missão nesta vida.

1. Consórcio político-econômico formado por militares, latifundiários e grandes empresas.

Também sou sócia-fundadora do Iná Psicologia, espaço que se propõe a acolher e cuidar das diversas formas de ser e existir no mundo. Uma trajetória profissional que até aqui esteve dedicada à colaboração com diversas políticas públicas, como a de saúde, assistência social e de direitos humanos, oferecendo serviços de saúde mental e redução de danos, medidas socioeducativas, acolhimento institucional, sistema de garantia dos direitos de crianças e adolescentes (em situação de rua, vítimas de violência sexual e quilombolas) e programa de proteção a defensores e defensoras de direitos humanos.

Essa minha apresentação dialoga, infelizmente, com um longo percurso de violações de direitos humanos que perduram até os dias atuais em nosso país, à medida que se perpetuam as narrativas falaciosas acerca do tema. Apesar disso, não partirei do pressuposto de que, na condição de profissionais de psicologia e Gestalt-terapia, compreendemos o que são os direitos humanos, embora a sua defesa seja condição indissociável do exercício da profissão, prevista nos princípios fundamentais do código de ética profissional.

Todavia, considerando a escassez de articulação entre os temas mencionados e a urgência em orientar e atualizar a nossa prática psicológica no campo dos direitos humanos, proponho aqui um percurso didático, no qual veremos o que se compreende por direitos humanos, sua previsão nos princípios do código de ética profissional e como esse dever profissional se apresenta na prática dos profissionais de psicologia que atuam com base na Gestalt-terapia.

Equívocos e manipulação de narrativas sobre direitos humanos

Falar sobre direitos humanos no Brasil é sinônimo de entrar em um dos temas mais polêmicos, ou polemizados, na atualidade. Dito isso, começarei apresentando informações baseadas em fatos para, em seguida, ilustrar discursos que se limitam a juízos de valor, os quais prestam um grande desserviço à nossa sociedade e, por conseguinte, ao exercício ético da psicologia.

Como se sabe, após a Segunda Guerra Mundial (1939-1945), vários países se mobilizaram para criar mecanismos de prevenção, a fim de que seus povos não mais corressem o risco de vivenciar as atrocidades de um conflito. Esse movimento culminou, em 1945, na criação da Organização das Nações Unidas (ONU), quando 50 países redigiram, assinaram e ratificaram a Carta das Nações Unidas, que conhecemos como a Declaração Universal dos Direitos Humanos.

O documento foi proclamado em 10 de dezembro de 1948, durante uma Assembleia Geral da ONU. Embora tenha sido aprovado por 48 países, outros se abstiveram da assinatura, como a África do Sul, a Arábia Saudita e os países do bloco socialista. As abstenções se justificaram coerentemente pela acusação de que o documento seria uma construção puramente ocidental, e esse fato nos oferece pistas sobre como fortalecer a defesa dos direitos humanos de forma crítica. Ora, com as abstenções, o documento já não nasce universal, como preconizava; ao mesmo tempo, apontava-se para a necessidade de adaptar a declaração às mais diversas realidades, a fim de proteger e preservar a dignidade de qualquer ser humano (Alves, 2005).

É válido destacar que a Declaração Universal dos Direitos Humanos é constituída por 30 artigos que descrevem os direitos fundamentais para a preservação da dignidade de todos os indivíduos. Embora não seja um documento que implique uma obrigatoriedade legal, colaborou para a criação de tratados internacionais com força legal, a exemplo do Pacto Internacional sobre os Direitos Civis e Políticos e do Pacto Internacional sobre os Direitos Econômicos, Sociais e Culturais, ambos aprovados em 1966 pela ONU, bem como para a construção de constituições de países democráticos, como a do Brasil.

A Constituição Federal de 1988 é popularmente chamada de "constituição cidadã", tendo como base o princípio da preservação da dignidade humana previsto no artigo 5º da Declaração Universal dos Direitos Humanos, que diz: "Todos são iguais perante a lei, sem distinção de qualquer natureza, garantindo-se aos brasileiros e aos estrangeiros residentes no país a inviolabilidade do direito à vida, à liberdade, à igualdade, à segurança e à propriedade".

José Augusto Lindgren Alves (2005, p. 23) afirma que, embora frequentemente violados, os direitos humanos são amplamente conhecidos ou intuídos a partir das necessidades que se apresentam aos cidadãos, sendo eles o direito

> [...] à vida, à liberdade, à segurança pessoal; de não ser torturado nem escravizado; de não ser detido ou exilado arbitrariamente; à igualdade jurídica e à proteção contra a discriminação; ao julgamento justo; às liberdades de pensamento, expressão, religião, locomoção e reunião; à participação na política e na vida cultural da comunidade; à educação, ao trabalho e ao repouso; a um nível adequado de vida.

Embora esses direitos devessem ser garantidos a todas as pessoas, ainda são muitas e graves as violações de direitos humanos em nossos dias. No Brasil, contamos com índices cada vez mais alarmantes de feminicídio, estupros e extermínio dos povos indígenas, da população negra e LGBTQIAPN+, além de um sistema carcerário que, há décadas, vem liderando mundialmente o *ranking* de superlotação e violações de todas as ordens, de acordo com o relatório do Fórum Brasileiro de Segurança Pública de 2023. A seguir, destaco algumas dessas informações.

- **Juventude e violência letal**: a cada 100 jovens (15 a 29 anos) que morreram por qualquer causa, 49 foram vítimas de violência letal.
- **Assassinatos de pessoas negras**: nas estatísticas de homicídios no Brasil, 83,6% das vítimas são negras, enquanto 16% são brancas. Esses números têm como fatores associados o racismo estrutural, a miséria e o desemprego.
- **Violência contra mulheres**: em 2023, 3.858 mulheres foram mortas de forma violenta (mais de dez mortes diárias). A taxa de

homicídios femininos cresceu 0,3% entre 2020 e 2021, mesmo com a queda geral de homicídios na população.

- **População LGBTQIAPN+**: entre os anos de 2020 e 2021, houve um aumento significativo na violência contra essas pessoas. Os casos de violência contra homossexuais cresceram 14,6%, enquanto entre bissexuais aumentaram 50,3%. Além disso, pessoas trans e travestis enfrentaram uma ampliação de 9,5% na violência física e de 20,4% na violência psicológica.
- **Violência contra indígenas**: a violência letal contra indígenas apresentou um aumento progressivo. Além disso, os dados mostram um alto índice de suicídios nessa população: a região Norte lidera esse número, totalizando 752 casos, seguida pelo Centro-Oeste, com 420, Sul, com 87, Nordeste, com 81 e Sudeste, com 36. Tais dados dimensionam os impactos da violência étnico-racial e simbólica.

Apesar dos dados apresentados, existe no Brasil uma narrativa de que os "direitos humanos são para bandidos", o que ilustra um grave desconhecimento do tema, de modo que tal falácia acaba por prestar um grande desserviço ao país. Tal narrativa costuma ser fomentada por uma legião de "cidadãos de bem" brasileiros. O jornalista Matheus Pichonelli (2012) os chama de "almeidinhas", uma caricatura do cidadão médio conservador. Em casa, é resmungão, mas satisfeito com o emprego, esperando pela aposentadoria para levar uma vida rotineira e simples. É contraditório: ri de piadas preconceituosas, esconde revistas pornográficas e cobiça a vizinha, mas censura a filha por usar roupas curtas. Nas redes, é militante de teorias alarmistas, como o medo do comunismo, e faz críticas aos direitos trabalhistas. Com opiniões rígidas, associa violência à pobreza e defende o lema "direitos humanos para humanos direitos", sem compreender os conceitos que critica. Rejeita argumentos complexos, considerando-os "conversa de intelectual".

Vale sublinhar que os direitos humanos deveriam servir para proteger todas as vidas, ser defendidos por todas as pessoas e ser garantidos pelo poder público, pelo Estado. Quando se afirma, falaciosamente, que eles se destinam apenas a proteger "bandidos", desconsidera-se toda a luta de defensores e defensoras dos direitos humanos, provenientes de diversos organismos nacionais e internacionais.

José Augusto Lindgren Alves (2005) afirma ser equivocada a ideia de que defensores de direitos humanos protegem exclusivamente "direitos de bandidos" ou são omissos diante da criminalidade. O combate ao crime é uma responsabilidade essencial do Estado, que deve agir dentro das normas vigentes. Ao exigir que agentes públicos respeitem os direitos humanos no cumprimento de suas funções, como a manutenção da ordem, os ativistas não protegem criminosos, mas defendem o Estado de direito, monitorando-o para que não cometa abusos de poder.

Outra questão a ser ponderada é que esse discurso acaba por reforçar a ideia de que algumas populações não deveriam acessar nenhum tipo de direito, devendo sofrer violências de todas as ordens. Isso culmina em um aspecto indispensável a ser incorporado pela psicologia: a desumanização de determinados seres humanos.

O processo de desumanização do ser humano se sustenta em diversas justificativas, historicamente representadas por ideologias que servem para inferiorizar determinadas categorias de pessoas e, consequentemente, manter o poder e os privilégios de outras. Exemplos disso incluem a crença de que pessoas negras e indígenas não tinham alma, de que mulheres são o "sexo frágil" e propriedade dos homens ou de que o comportamento de pessoas LGBTQIAPN+ reflete uma conduta desviante e doentia. Em consequência, seus corpos são vistos como menos valiosos, sendo alvo de violências e tentativas de extermínio.

A defesa dos direitos humanos como dever profissional: um compromisso ético, político e social

Aqui farei o resgate de um caso que ilustra, de forma evidente, um exemplo de prática profissional totalmente desrespeitosa com a categoria e com a população em geral.

O Princípio Fundamental I do Código de Ética da Psicologia diz que "o psicólogo baseará o seu trabalho no respeito e na promoção da liberdade, da dignidade, da igualdade e da integridade do ser humano, apoiado nos valores que embasam a Declaração Universal dos Direitos Humanos" (CFP, 2005).

Em 2022, a então psicóloga Rozangela Alves Justino teve seu registro profissional cassado pelo Conselho Regional de Psicologia do Distrito Federal (CRP/DF), ficando impedida de exercer a profissão. A cassação se deu devido a uma série de violações do Código de Ética Profissional, sobretudo pela oferta da denominada "terapia de reversão sexual de homossexuais", também conhecida como "cura *gay*".

Sua trajetória profissional foi marcada pela reincidência de condutas discriminatórias e patologizantes, o que, em 2009, gerou inicialmente a penalidade de censura pública pelo CRP/DF. Vale ressaltar que sua prática feria a Resolução CFP 01/1999, que estabelece normas para a atuação de psicólogos em questões relacionadas à orientação sexual. De acordo com a Organização Mundial da Saúde (OMS), desde 1990 a homossexualidade não é classificada como patologia e foi removida da Classificação Internacional de Doenças (CID) — sendo assim, não cabe cura.

Em 2017, a profissional liderou um movimento pela "cura *gay*" na psicologia, que resultou em uma decisão judicial que permitiu temporariamente a terapia de reversão sexual. Porém, em 2019, a ministra Cármen Lúcia, do Supremo Tribunal Federal (STF), suspendeu essa decisão e, em 2020, determinou o arquivamento do caso. Ainda em 2019, Rozangela Alves Justino encabeçou a chapa Movimento Psicólogos em Ação, pleiteando a gestão do Conselho Federal de Psicologia e insistindo na "cura *gay*".

Esse histórico é importante para que possamos apontar que a cassação não se deu por um fato isolado, mas porque o Código de Ética e a psicologia estavam sendo aviltados. O CRP/DF, em sua decisão, levou em conta a infração do artigo 1º, alíneas "a" e "c"; artigo 2º, alíneas "a", "b", "c" e "f"; artigo 19º; e artigo 20º, alínea "c".

Comentarei alguns desses pontos para destacar questões fundamentais para o nosso exercício profissional.

Artigo 1º, alínea "a": "Conhecer, divulgar, cumprir e fazer cumprir este Código". Todo profissional comprometido deveria conhecer seu código de ética. Destaco, inclusive, que o "divulgar" poderia receber mais atenção, pois, à medida que esse código é conhecido pela sociedade em geral, e não apenas por aqueles diretamente beneficiados pelos serviços psicológicos, contribui para inibir, de forma crescente, as infrações éticas.

Artigo 1º, alínea "c": "Prestar serviços psicológicos de qualidade, em condições de trabalho dignas e apropriadas à natureza desses serviços, utilizando princípios, conhecimentos e técnicas reconhecidamente fundamentados na ciência psicológica, na ética e na legislação profissional". Ao infringir essa alínea, considerando sobretudo a Resolução CFP 001/1999 e o que preconiza a OMS, fica explícito que a prática não tinha embasamento científico, mas moralista e patologizante. Afinal, a sexualidade é parte da identidade de cada indivíduo, devendo ser compreendida em sua totalidade, de modo que a homossexualidade não pode ser reconhecida como doença, distúrbio ou perversão.

Art. 2º, alíneas "b" e "c": "Induzir a convicções políticas, filosóficas, morais, ideológicas, religiosas, de orientação sexual ou a qualquer tipo de preconceito quando do exercício de suas funções profissionais; utilizar ou favorecer o uso de conhecimento e a utilização de práticas psicológicas como instrumentos de castigo, tortura ou qualquer forma de violência". A psicologia não proíbe, de forma alguma, convicções pessoais, desde que estas fiquem restritas ao âmbito pessoal. Não cabe a nós induzir ninguém a agir ou pensar da maneira que consideramos ser a melhor. Com relação aos atendimentos sobre sexualidade, é essencial considerar em sua escuta os altos índices de assassinatos de pessoas da comunidade LGBTQIAPN+, considerando assim a realidade social na qual estamos inseridas.

O fato é que, durante o lançamento da chapa, Rozangela Justino chegou a afirmar que "o Brasil já não comporta mais uma psicologia travestida de direitos humanos", demonstrando, assim, seu total desconhecimento ou desrespeito deliberado pelos princípios do nosso código de ética. Apontar algumas das infrações cometidas nesse caso visa nos auxiliar a constantemente nos atualizarmos como profissionais, sobretudo buscando auxílio em nossa psicoterapia pessoal, bem como em estudos e supervisão.

Assim, pressupõe-se que a escolha do exercício da psicologia deve ser precedida por um compromisso genuíno com a defesa dos direitos humanos em qualquer área e espaço de atuação, com observância, cobrança e diálogo permanentes em relação às pautas e prioridades do Estado quanto ao cumprimento de seu dever de zelar por eles.

De modo que, para a prática profissional, é essencial compreender o Brasil, em sua dimensão diversa de territórios, a partir dos aspectos mencionados — ou seja, entender, com honestidade intelectual a origem do país, marcada pela expropriação e exploração dos povos originários e africanos escravizados. A nação se formou a partir de uma série de violências, o que molda as subjetividades[2] conforme a realidade e a perspectiva histórica com as quais nos identificamos.

Conhecer os "Brasis" dialoga com a importância de problematizar igualmente o que leva o país a ser campeão absoluto em mortes (e com requintes de crueldade) de pessoas LGBTQIAPN+, além de ser um grande violador dos direitos de crianças, adolescentes, jovens e mulheres, sobretudo no que se refere aos números cada vez mais alarmantes de violência sexual.

No exercício profissional, devemos compreender como são distribuídas as riquezas neste país e como as desigualdades abissais se apresentarão no modo de ser e de viver das pessoas que atendemos, sejam elas beneficiárias, usuárias, clientes, pacientes ou consulentes. Essa compreensão é fundamental para a formação dos profissionais, que devem lembrar a todo momento que a psicologia é ciência e profis-

2. Sempre que eu citar o termo "subjetividades", estarei embasada na perspectiva de Gilles Deleuze e Félix Guattari.

são. Nesse sentido, o código de ética preconiza que é nosso dever assumir apenas responsabilidades profissionais para as quais estejamos capacitados pessoal, teórica e tecnicamente.

Gestalt-terapia e clínica ampliada: um olhar holístico para os direitos de todes

Uma das grandes contribuições da Gestalt-terapia para uma prática profissional atenta à busca da garantia dos direitos das pessoas é a compreensão holística, que estabelece de pronto um diálogo direto tanto com o conceito de saúde apresentado pela OMS quanto com os princípios do Código de Ética Profissional da Psicologia. Cabe lembrar que saúde não é a ausência de doença, mas um estado de bem-estar físico, mental e social.

Um aspecto necessário a ser considerado são as articulações com os marcadores sociais da diferença, estabelecendo diálogos interseccionais entre raça, etnia, gênero, sexualidade, classe e território. Essa indicação também se mostra cada vez mais presente nas novas produções das Referências Técnicas do Sistema Conselhos de Psicologia.

A teoria holística de Jan Smuts, apresentada em *Holism and evolution* (1996), foi fundamental para que Fritz Perls desenvolvesse uma psicologia que rompesse com a visão fragmentada do ser humano, característica do dualismo e do isolacionismo, propondo assim que ele seja compreendido como uma totalidade: "O holismo consiste em uma atitude que compreende que o mundo consiste *per se* não apenas em átomos, mas em estruturas que têm significado diferente da soma das partes" (Perls, 2002, p. 61).

Na tentativa de aproximar o conceito de holismo à prática profissional, Serge e Anne Ginger (1995, p. 84) explicam:

> A visão holística da Gestalt se insere nessa percepção de mundo em que nunca interessa ao terapeuta um sinal isolado, um gesto ou uma palavra, mas antes a interconexão permanente do indivíduo global com seu meio

geral, social e cósmico, o todo num fluxo incessante que só podemos apreender por uma vigilância constante, no aqui e agora, com seu cortejo ininterrupto de *Gestalten* que se formam, se realizam e se dissolvem num processo de perpétua turbulência.

Cabe aqui esclarecer o conceito de clínica ampliada, a fim de escaparmos da ideia limitadora de que clínica se refere apenas ao espaço de consultório. Um dos pilares da Política Nacional de Humanização (PNH), a clínica ampliada busca melhorar a qualidade dos serviços de saúde, valorizando os usuários, suas famílias e comunidades. Essa abordagem enfatiza o respeito à autonomia e à participação desses sujeitos nos processos de cuidado; preconiza a construção de um vínculo acolhedor com as pessoas atendidas, compreendendo seus problemas de saúde de forma integral, considerando suas histórias de vida, condições sociais e o contexto em que vivem. Essa abordagem integra os saberes biomédico, social e psicológico.

Segundo o Ministério da Saúde (2009b),

> através da escuta, o trabalhador da saúde vai buscar, junto ao usuário, os motivos pelos quais ele adoeceu e como se sente com os sintomas, para compreender a doença e se responsabilizar na produção de sua saúde. É importante estar atento para os afetos entre os trabalhadores e usuários buscando a autonomia da pessoa diante do seu tratamento, ao mesmo tempo em que seu caso é tratado de forma única e singular.

Lika Queiroz (2015) aponta que existe convergência entre a perspectiva da Gestalt-terapia e a clínica ampliada do Sistema Único de Saúde (SUS), pois ambas buscam um cuidado que promova a saúde e o bem-estar, indo além do tratamento de doenças. Assim, a autora argumenta que a Gestalt-terapia, quando utilizada na clínica ampliada, pode contribuir para que as usuárias e os usuários desenvolvam consciência de si e de seu impacto social, fortalecendo a autonomia e o autocuidado:

> Estamos falando de um novo modelo de atuação clínica, qualificada como "ampliada" — uma clínica não mais pensada a partir de um *a priori* individual, mas de uma perspectiva dialética entre sujeitos e coletividade [...], pela qual se busca produzir um diálogo entre o mundo e o sujeito, seu mundo psíquico e a cultura. Uma clínica psicológica voltada para a atenção primária em saúde cujo foco do trabalho é o sujeito integral, sendo o processo saúde-doença compreendido não apenas sob o enfoque psicológico, mas também econômico, social e político. (p. 165)

Tendo em vista meu conhecimento sobre Gestalt-terapia e clínica ampliada, proponho uma reflexão sobre as possibilidades de atuação dos Gestalt-terapeutas no campo dos direitos humanos. Silvia Lane (1989) aponta que toda psicologia é social, pois se faz necessário considerar a natureza sócio-histórica dos seres humanos. Assim, a psicologia tem o compromisso social de se engajar na transformação das realidades, a fim de promover saúde, autonomia e dignidade para pessoas e coletividades.

É urgente e imprescindível empreender um processo de revisão crítica dos conceitos básicos da psicologia e da Gestalt-terapia, reconhecendo suas origens eurocêntricas, colonizadoras, embranquecidas e masculinas. Para atender à diversidade de subjetividades e existências, sobretudo no contexto brasileiro, é necessário racializar, desconstruir e reconstruir esses conhecimentos. Essa revisão crítica deve ser acompanhada de uma disposição para aprender e construir práticas de cuidado que sejam genuínas e respeitosas com as pessoas, superando as relações de poder presentes na história dessas disciplinas.

Em relação aos conceitos, para Perls, Hefferline e Goodman (1997, p. 43), "não se podem considerar fatores históricos e culturais modificando ou complicando condições de uma situação biofísica mais simples, mas como intrínsecos à maneira pela qual todo problema se apresenta". Com isso, lembramos que o Brasil foi constituído pela exploração colonial, pela escravização de povos africanos e pela violência contra os povos indígenas. Essa história de dominação e desigualdade deixou marcas profundas na sociedade brasileira, moldando as subjetividades de todos os envolvidos. É fundamental reconhecer que mulheres, crianças e grupos historicamente marginalizados foram as principais vítimas dessas violências, e que seus impactos se fazem sentir até os dias atuais.

No que se refere à autorregulação organísmica ou homeostase, Perls (1977, p. 20) afirmou: "[...] quando o processo homeostático falha em alguma escala, quando o organismo se mantém num estado de desequilíbrio por muito tempo e é incapaz de satisfazer suas necessidades, está doente. Quando falha o processo homeostático o organismo morre". Diante disso, questiono se somos capazes de refletir sobre as reais necessidades e especificidades da população negra, dos povos indígenas, da população LGBTQIAPN+, das crianças, adolescentes e mulheres; afinal, todos esses grupos têm, diária e massivamente, seus corpos ceifados ou sob constante ameaça, antes mesmo que possam projetar sua vida para outras necessidades além da sobrevivência.

Uma trajetória entre a psicologia, a Gestalt-terapia e os direitos humanos

Compreendi desde a graduação que a formação em Psicologia demanda a construção de um profissional que não apenas domine todas as teorias, mas também se construa e se perceba como um sujeito político que assumirá um compromisso ético e social. Essa construção é possível, inclusive, por meio dos movimentos estudantis. Essa tarefa pode começar perto de casa, buscando adquirir experiência prática em serviços da comunidade para conhecer de perto as demandas locais, identificar fragilidades e fortalecer a capacidade de mapeamento do território.

Na minha experiência trabalhando na clínica ampliada, foi importante conhecer diversos arranjos familiares, a partir do contato com grupos em situação de vulnerabilidade e risco social, bem como famílias privilegiadas histórico-socialmente.

Ao longo do meu trabalho, desenvolvi uma compreensão mais crítica da diversidade dos atos infracionais cometidos por adolescentes em cumprimento de medidas socioeducativas, percebendo a forte influência de fatores como classe social e raça. A alta taxa de homicídios desses jovens nos finais de semana e feriados exige uma profunda reflexão. Cada número representa uma vida interrompida, sendo fundamental que equipes e gestores trabalhem juntos para garantir que cada caso seja visto como único, com suas particularidades e potencialidades.

É preciso um trabalho constante e dedicado para lidar com as questões mais complexas e delicadas que surgem no acolhimento institucional, a exemplo de quando as crianças nos pedem para ser levadas para casa, e elas pedem muito. Além disso, é preciso lutar contra irregularidades, denunciando-as e assumindo o risco da demissão por não se calar diante da ausência de cuidados de todas as ordens com as crianças, considerando sobretudo o que nos é vedado pelo Código de Ética.

É necessário mobilizar, mesmo que com grande dificuldade, equipes da assistência social para garantir o atendimento à pessoa idosa em situação de rua, acompanhada por quem ela apresentou como tudo que tinha na vida: seu cachorro. É preciso manter-se firme na posição de frustrar as expectativas de muitas usuárias e profissionais que não compreendem o compromisso social da psicologia, bem como atender ao que o usuário indígena diz ser importante e necessário, como ser cuidado por seus encantados[3] e não pela profissional.

Deve-se aprender com a população LGBTQIAPN+ que a psicologia não costuma ser a primeira necessidade, mas a proteção da pró-

3. De acordo com indígenas, os encantados são seres espirituais que coexistem com os humanos, protegendo-os e cuidando da natureza.

pria vida, o acesso aos serviços de saúde e ao (dito e por vezes maldito) mercado de trabalho. É preciso correr riscos e aprender a se proteger e se preservar ao pautar a defesa dos direitos humanos, sobretudo quando se atua na proteção de pessoas ameaçadas, entendendo que o risco e a proteção, nesse cenário, costumam ser uma faca de dois gumes: por vezes é o dono da boca de fumo que vai lhe proteger, enquanto em outros momentos até pode ser a polícia.

Dediquei dois anos da vida a escrever uma dissertação e a ouvir reeducandos do sistema penitenciário a fim de trazer todos os elementos possíveis para que ao menos algumas pessoas entendam que os direitos humanos não são só para bandidos, mas também para elas. Vale se inspirar na esperança de um mundo melhor e cheio de boas oportunidades que ainda reside em muitos jovens e fazer o trabalho hercúleo de acender alguma chama dessa esperança no atendimento à população em situação de rua; testemunhar os danos que a violência sexual gera na vida de tantas mulheres e meninas e, ainda assim, mesmo que nos bastidores, sob lágrimas e ranger de dentes, não desistir de se indignar e de se refazer para cuidar de cada uma delas; aceitar de coração e alma quando a ancestralidade surpreende no caminho, trazendo toda a lucidez, beleza e potência de quem se é.

Assim, compreendo que ser Gestalt-terapeutas alinhados com os direitos humanos pressupõe uma compreensão ampla, diversa e complexa da psicologia. Uma psicologia para além das teorias e produções acadêmicas, com os pés no chão, de ponta a ponta com quem dela precisa em níveis extremos. Uma psicologia exigente quanto ao seu fazer ético e político, e, por consequência, quanto à garantia de direitos e o respeito irrestrito à dignidade humana em todas as suas expressões. Uma psicologia coletiva que abre mão do pseudopoder em nome da realidade social, cujo único interesse é assumir a responsabilidade pela sociedade brasileira. Uma psicologia que, assim como os movimentos sociais, é perseguida, discriminada, silenciada e excluída do palanque ainda elitista da nossa profissão. Uma psicologia que enfrenta os desmandos das estruturas de poder, colocando em risco a própria sobrevivência e permanência nas mais diversas instituições de atuação. Uma psicologia que trabalha sustentada na máxima de que as pessoas são para brilhar e não para morrer de fome.

É essa história que venho construindo — e eu não ando só...

Referências

Alves, J. A. L. *Os direitos humanos na pós-modernidade*. São Paulo: Perspectiva, 2005.

Anuário Brasileiro de Segurança Pública 2023. *Fórum Brasileiro de Segurança Pública*, São Paulo, ano 17, 2023.

Brasil. Ministério da Saúde. *O HumanizaSUS na Atenção Básica*. Brasília: Ministério da Saúde, 2009a.

_____. Secretaria de Atenção à Saúde. Política Nacional de Humanização da Atenção e Gestão do SUS. *Clínica ampliada e compartilhada*. Brasília: Ministério da Saúde, 2009b. (Série B. Textos Básicos de Saúde).

_____. *Política Nacional de Humanização*. Brasília: Ministério da Saúde, 2010. Disponível em: https://bvsms.saude.gov.br/bvs/dicas/201_clinica_ampliada.html. Acesso em: 17 nov. 2024.

Câmara, D. H. *Dom Hélder Câmara. Memórias da ditadura*. s./d. Disponível em: https://memoriasdaditadura.org.br/personagens/dom-helder-camara/. Acesso em: 28 maio 2025.

Conselho Federal de Psicologia. Resolução n. 01, de 22 de março de 1999. *Estabelece normas de atuação para os psicólogos em relação à questão da orientação sexual*. Brasília: CFP, 1999. Disponível em: https://atosoficiais.com.br/lei/normas-de-atua%C3%A7%C3%A3o-para-os-psicologos-em-relacao-a-questao-da-orienta%C3%A7%C3%A3o-sexual-cfp. Acesso em: 28 maio 2025.

_____. *Código de ética profissional do psicólogo*. Brasília: CFP, 2005.

Farias, V. "Sob vaias, defensora da 'cura *gay*' lança chapa para Conselho Federal de Psicologia". *O Globo*, 5 jun. 2019. Disponível em: https://oglobo.globo.com/brasil/sob-vaias-defensora-da-cura-gay-lanca-chapa-para-conselho-federal-de-psicologia-23718825. Acesso em: 29 maio 2025.

GALVÃO, W. "Psicóloga que oferecia 'cura' para *gays* tem registro cassado no DF e fica impedida de exercer profissão". *G1*, 18 fev. 2022. Disponível em: https://g1.globo.com/df/distrito-federal/noticia/2022/02/18/psicologica-que-oferecia-cura-para-gays-tem-registro-cassado-no-df-e-fica-impedida-de-exercer-profissao.ghtml. Acesso em: 29 maio 2025.

GINGER, S.; GINGER, A. *Gestalt: uma teoria do contato*. São Paulo: Summus, 1995.

LANE, Silvia T. M. Uma psicologia social baseada no materialismo dialético: da emoção ao inconsciente. In: ENCONTRO CIENTÍFICO DA ASSOCIAÇÃO NACIONAL DE PESQUISA E PÓS-GRADUAÇÃO EM PSICOLOGIA, 2, 1989, Gramado, RS. *Anais* [...]. Gramado: Associação Nacional de Pesquisa e Pós-Graduação em Psicologia, 1989.

ORGANIZAÇÃO DAS NAÇÕES UNIDAS. "História da ONU". *UNRIC.org*. Disponível em: https://unric.org/pt/historia-da-onu/. Acesso em: 29 maio 2025.

PERLS, F. *A abordagem gestáltica e Testemunha ocular da terapia*. Rio de Janeiro: Zahar, 1977.

_____. *Ego, fome e agressão*. São Paulo: Summus, 2002.

PERLS, F.; HEFFERLINE, R.; GOODMAN, P. *Gestalt-terapia*. São Paulo: Summus, 1997.

PICHONELLI, Matheus. "Direitos humanos para humanos direitos". *Carta Capital*, São Paulo, 8 nov. 2012. Disponível em: https://www.cartacapital.com.br/politica/direitos-humanos-para-humanos-direitos/. Acesso em: 29 maio 2025.

QUEIROZ, L. "Gestalt-terapia na clínica ampliada". In: FRAZÃO, L. M.; FUKUMITSU, K. O. (orgs.). *A clínica, a relação psicoterapêutica e o manejo em Gestalt-terapia*. São Paulo: Summus, 2015. p. 163-80.

ROMARO, R. A. *Ética na psicologia*. Petrópolis: Vozes, 2014.

SMUTS, Jan C. *Holism and evolution*. Nova York: Viking, 1961.

As autoras

Angélica Alves da Silva
Filha única de uma casal inter-racial, mulher negra, mãe solo de uma criança linda, maravilhosa e atípica. Recifense da gema e suburbana nata e convicta. Psicóloga clínica e social, psicoterapeuta, Gestalt-terapeuta e supervisora clínica. Sócia-fundadora do Iná Psicologia. Pós-graduada em Abordagem Psicossocial com Grupos em Situação de Risco e Vulnerabilidade Social pelo Centro Universitário Frassineti do Recife (Unifafire). Especialista (Unifafire) e mestra em Direitos Humanos pela Universidade Federal de Pernambuco (UFPE). Docente em espaços de educação formal e não formal. Tem experiência profissional nas seguintes áreas das políticas públicas: saúde, assistência social e direitos humanos.

Carolina de Carvalho Duarte Guimarães
Sou Carolina. Busco reconhecer e ressignificar minha branquitude e ser antirracista. Sou mulher, branca, cisgênero. Mãe e filha, espremida na geração sanduíche. Sou composta por uma mistura de São Paulo, Rio de Janeiro, Bahia e Minas Gerais. Filha de mulheres fortes e transformadoras de mundos, apesar de todas as durezas que atravessam e atravessaram. Psicóloga e doula. Danço, desenho e rezo. Gosto dos pés em contato com a terra e do corpo envolvido pelas águas. Como dizia Dorival Caymmi, "quem não gosta de samba, bom sujeito não é. É ruim da cabeça ou doente do pé".

Drieli Venâncio da Silva Sousa
Redutora de danos, psicóloga e especialista em Saúde da Família. Além da psicologia clínica, atua sobretudo no campo da psicologia

social, com experiência em processos psicossociais, vulnerabilidades sociais, política de drogas e redução de danos. Mulher negra, moradora da periferia de Fortaleza, Drieli percorre o caminho de luta de incontáveis trabalhadores que compõem o tecido social dos grandes centros urbanos. Amante da rua, das práticas de conversação e do sorriso sincero, seu ofício de psicóloga vai da clínica de luxo do bairro mais nobre ao atendimento na praça do conjunto territorial mais vulnerável e longínquo — construindo, assim, histórias de luta, amor à profissão e justiça social.

Elaine Maria Silva Moura
Sou Elaine, mulher-cis-bi, preta, filha e neta de agricultoras/res, irmã mais velha, tutora de três cachorros e uma gata. A professora Cícera Marta, minha mãe, nunca deixou que me faltassem a escola e as letras. Nasci com o pé no chão, campesina, caririense da Chapada do Araripe, em Juazeiro do Norte (CE), terra de migrantes e oásis no sertão. Sou mistura de gente, venho de uma união inter-racial. Gosto de ver o mundo como processo, aprendizado, movimento e criação, por isso escolhi a literatura, a psicologia, a Gestalt-terapia e a filosofia. Psicóloga, sou bacharelanda em Filosofia pela Universidade Federal do Cariri (UFCA) e pesquisadora na mesma instituição. Para mim, a linguagem é caminho para diálogos sobre identidade étnico-racial.

Kevin da Silva Martins
Sou Kevin Martins, homem cis, *gay*, preto, filho da dona Rose, caçula do primeiro casamento. Minha existência se dá no Jardim São Luís, uma de muitas favelas da zona Sul de São Paulo. Os meus mais velhos vêm de muitos lugares, Pernambuco (Timbaúba), África, Presidente Prudente, Itália e outros lugares que desconheço. Sou um grande sonhador que tem como arma o conhecimento e a resiliência. Com eles pude entrar na faculdade e me tornar psicólogo. Amo MPB e adoro uma roda de samba. Esse é um pedacinho do Kevin. Agradeço às mu-

lheres da minha vida — Rosineide, Rosana, Ivanete e Andressa —, que me criaram e formaram a base para que eu pudesse chegar até aqui.

Mônica B. Alvim
Sou Mônica Alvim, psicóloga, Gestalt-terapeuta, doutora em Psicologia pela Universidade de Brasília (UnB) e pós-doutora em Filosofia pela Universidade Paris 1. Fui presidente da Associação Brasileira de Gestalt-terapia e Abordagem Gestáltica (ABG) no biênio 2020-2022. Sou pesquisadora e docente na pós-graduação em Psicologia da Universidade Federal do Rio de Janeiro (UFRJ) e em diversos cursos de Gestalt-terapia. Pesquiso as dimensões teórico-metodológicas da clínica gestáltica em contextos psicoterápico e comunitário, sempre de uma perspectiva interdisciplinar, investigando a situação contemporânea e fenômenos sociais estruturais, como raça, gênero e classe. Sou autora de livros, capítulos e artigos no Brasil e no exterior.

Paulo Barros
Psicólogue, Gestalt-terapeuta pela Universidade Federal de Roraima (UFRR) e especialista em Sexualidade pelo Centro Universitário de Araraquara (SP). Realizou mobilidade acadêmica no período de 2011 a 2012 na Faculdade de Psicologia e Ciências da Educação em Coimbra (Portugal). Atua como psicólogue clínico, supervisore e professore convidade em diversos institutos e especializações de Gestalt-terapia pelo Brasil, debatendo e pesquisando temas como gênero, sexualidade, corpo e neurose. Fez parte da diretoria da Associação Brasileira de Gestalt-terapia (2020-2022), tendo sido um dos responsáveis pela implementação do Núcleo de Relações de Gênero e Diversidade Sexual da ABG. Foi cofundador do Instituto de Gestalt-terapia de Roraima (IGTRR).

Paulo Cavalcanti
Sou Marcos Paulo Cavalcanti dos Santos, mas prefiro ser chamado de Paulo Cavalcanti. Um homem preto, favelado e psicólogo. Atuo

como psicoterapeuta (individual, casal e grupos), supervisor clínico e professor. Sou especialista em Psicologia Clínica, pós-graduado em Sexologia e Sexualidade Humana e estou em constante formação em Gestalt-terapia. Conselheiro Titular do XVII Plenário do Conselho Regional de Psicologia em Pernambuco (CRPPE) na gestão 2022--2025, atuando na coordenação do Centro de Referências Técnicas em Psicologia e Políticas Públicas (Crepop). Meus interesses de pesquisa incluem relações raciais, negritude, contracolonialidade, masculinidades, famílias e filosofias africanas.

Samanta Santos da Fonseca
Mulher preta, cis-hétero, mãe, capoeirista e psicóloga clínica. Pós--graduanda em Psicologia Organizacional e do Trabalho e Gestão de Pessoas pela Universidade de São Paulo (USP). Gestalt-terapeuta pelo Instituto Sedes Sapientiae. Aprimoranda em Psicologia Hospitalar pelo Hospital Santa Marcelina e bacharel em Psicologia pela Universidade Cruzeiro do Sul (Unicsul). Desde 2016, participa de grupos de estudos com foco nas relações raciais e integra o coletivo Redes Pretas, vinculado ao Instituto Amma Psiquê e Negritude. Autora do capítulo "Racismo à brasileira e o sofrimento psíquico da população negra sob o enfoque da Gestalt-terapia" no livro *Angústias contemporâneas e Gestal-terapia* (Summus, 2020). Dá palestras sobre os seguintes temas: saúde mental, saúde emocional da população negra, maternidade, diversidade e inclusão.

Tatiana Campbell
Mãe, pessoa não binária, artista circense amadora, entusiasta dos contrastes. Pesquisadore oralizade, com foco de pesquisa e experiência profissional em coletividades, cotidiano e gênero. Psicólogue, Gestalt-terapeuta e supervisore clínica. É professore convidade em institutos formadores de Gestalt-terapia no Brasil, tendo coordenado cursos formadores na abordagem.

Thauane Cunha Siqueira
Sou Thauane, mulher, negra e mineira. Entre tantos caminhos, encontrei na Psicologia meu lugar, formando-me pela Universidade Federal de Minas Gerais (UFMG). Venho de uma família que me ensinou o amor, o afeto, o cuidado e a força como possibilidades de existir. Foi com esse suporte que descobri na Gestalt-terapia uma maneira de acolher a vida em todas as suas partes, cultivando e fazendo florescer os sentidos que me foram semeados.

Valdicéia Miranda Machado Bouzada
Sou neta, filha e mãe. Sou negra, neta da dona Nêga, uma mulher centenária cuja história foi atravessada pelas marcas da escravização. Também sou neta da dona Francisca. Contaram-me apenas uma história sobre minha bisavó: "Foi pega no laço!" Das margens de onde vim, nenhuma mulher jamais sonhou em chegar aonde cheguei. Atuo como psicóloga e Gestalt-terapeuta. Mestra em Estudos da Ocupação Humana pela Universidade Federal de Minas Gerais (UFMG), sou docente e a primeira mulher da família a ter uma graduação. Trago comigo a força, a fé e a esperança dos choros e alegrias da ancestralidade. O importante é abrir caminhos, fazer travessias e apontar horizontes para os que virão.